立陶宛知识产权法

孙那 赵鑫臻 译

长安经济法学文库 15

法律出版社
LAW PRESS · CHINA

经邦济世　长治久安

（总序）

长安，作为一个地理名词，是指位于渭河平原中部，东经108.9°、北纬34.2°的关中平原地区。西汉至北周时期的长安城，位于今天西安市西北侧的龙首原，而隋唐长安城则坐落在今天的西安市区。长安，对于华人来说，似乎天然地带着浓厚的历史印记，成为一种中华文明的图腾与中国古代历史象征。这不仅仅是因为曾有13个古代王朝在这里定都，延续近千年的古都历史，更在于这自秦岭北坡向渭河平原上铺展开来的历史长卷中浸透的周秦风骨与汉唐血脉,在当时历史背景下所能达至的人类思想文化的交流、包容的自由境界,以及以文景之治、贞观之治、开元之治为代表的社会文明、安定、经济繁荣的程度。正如古斯塔夫·拉德布鲁赫所言:“每一种法律思想都不可避免地带有它得以型塑的‘历史气候’的标记,大多从一开始就被不知不觉地限定在历史可能性的界限之内,正是在此意义上它们与事物的性质相关联。”长安也不例外,我们无意人为地去美化和拔高长安在历史文化上的地位和意义,然而,就与其紧密联系的特定历史时期而言,我们应当肯定古人的历史格局与视野。因此,我们在将这套丛书命名为“长安经济法学文库”时便带有了这种单纯的自傲与深深的自省。

西北政法大学创立于 1937 年战火纷飞的红都延安,1949 年南迁西安,即历史文化古城长安。一路走来,历经陕北公学、延安大学、西北人民革命大学、中央政法干校西北分校、西安政法学院、西北政法学院,今天的西北政法大学有新、老 2 个校区。老校区坐落于古城西安大雁塔旁的长安南路上,谓之雁塔校区;新校区位于秦岭北麓的长安区韦郭路上,谓之长安校区。经济法学院是西北政法大学 12 个学院之一,创建于 1985 年 8 月,原名经济法系,是经司法部批准的全国首批设立的经济法系之一。1999 年 5 月更名为法学二系(经济法方向)。2006 年 11 月学校更名为大学之后成立经济法学院。经济法学院现有教职员工 67 人，其中专业课教师 54 人，教辅人员 14 人；教授 9 人，副教授 22 人；博士 8 人，博士在读 14 人。我院现设有 1 个法学(经济法方向)本科专业和经济法学、环境与资源保护法、知识产权法学、劳动与社会保障法学 4 个硕士学位点；设经济法学、知识产权法学、环境与资源保护法学、财税金融法学、劳动与社会保障法学、企业法与合同法学 6 个教研室；经济法学、房地产法学、金融法学、知识产权法学、环境与资源保护法学、法律经济学、劳动与社会保障法学、动物保护法学等 22 个研究中心。目前，已形成了在国内法学界具有重要影响的 7 个研究方向，即劳动与社会保障法研究方向、知识产权法与科技法研究方向、环境与资源保护法研究方向、金融法研究方向、房地产法研究方向、企业法研究方向、动物保护法学方向。目前，从综合实力上来讲，西北政法大学经济法学院已经成为全国有重要影响的法学院。

“长安经济法学文库”是西北政法大学经济法学院遴选本院教师的优秀研究成果，资助出版的一套学术丛书。其选题涵盖了目前我院的经济法、劳动与社会保障法、环境资源法、知识产权法及企业公司法 5 个学科。这套丛书的出版，首先，得益于经济法学院近年来在科研学术水平上的不断提高和积累。学术研究是学校教学的基础，而创新则是学术研究的灵魂所在。经济法学院教师在学术研究中努力前行，追求创新，成果颇丰。在最近5年中共发表学术论文500多篇，其中被核心期刊、中国人民大学书报资料中心《复印报刊资料》等刊物转载、转摘计123余篇；出版学术专著17部；获省部级奖励及其他获奖共29项；目前承担科研项目共55项，其中国家级项目7项，省部级项目16项，厅级、校级项目26项。同时，我院教师出版教材26部，获省部级优秀教学成果奖2项。其次，丛书的出版也得益于经济法重点学科的建设。近年来，经济法学院始终把学科建设作为龙头工作来抓，取得了良好的效果。我院经济法学学科1995年被评为司法部重点学科，2001年被评为省级重点学科。经济法学课程2003年被评为陕西省首届省级精品课程，金融法学、知识产权法学课程2006年被评为省级精品课程，劳动和社会保障法学课程在2010年5月被评为国家级精品课程，是当时全国唯一的劳动与社会保障法学的精品课程。再次，丛书的出版也得益于经济法学院的人才培养计划。经济法学院实施传、帮、带的人才培养模式，支持、鼓励青年教师学业和教学科研水平提升。近3年来，专业教师中获得博士学位的有6名，博士在读的有14名。收入本文库的部分著作就是他们的博士学位论文中的精品。最后，丛书的出版也得益于法律出版社对西北政法大学经济法学院的支持和帮助。

经济法学是经世济民、安邦致用的学科，经济法学院则应是培养人才、创新学术和服务社会的园地。故而“经邦济世法魂系之,智识无涯学脉永续”是我们的办院宗旨。“长安经济法学文库”汇聚近年来西北政法大学经济法学院的科研成果,展示了经济法学院教师的教学科研能力,正是对我们学院宗旨的诠释。

公元前200年(汉高祖七年)2月,西汉朝廷正式迁入长安,“长安”之用意在于“欲其子孙长安都于此也”。而在2200多年后的今天,当我们编纂这套“长安经济法学文库”时,已经没有了封建帝王千秋万代家天下的美梦黄粱,取而代之的是现代社会主义法律人对于“经邦济世,长治久安”和谐社会的期冀。我想这是对“长安经济法学文库”最美好的祝福,也是对伟大祖国的最美好的祝福。

强　力*

长安静雅斋

2010年7月1日

* 西北政法大学经济法学院院长,教授。

序

立陶宛知识产权法的发展可划分为两个阶段:第一个阶段是 1991 年至 2004 年(截至加入欧盟之间);第二个阶段是 2004 年至今(加入欧盟后)。

1991 年,立陶宛从苏联独立,整个国家面临从上至下的制度和法律重建,这其中就包括知识产权法律体系。当时立陶宛国内具备知识产权代理能力的专家总计不足 10 位,立陶宛国家专利局刚刚成立,新组建的议会不但未来得及制定和颁布知识产权类法律法规,也尚未批准知识产权类国际公约和国际协议,这导致苏联时期立陶宛境内权利人注册的全部专利、商标、著作权等知识产权在独立后瞬间面临“裸奔”的窘境。直至2004年，立陶宛才初步构建了知识产权法律体系。

2004年5月1日，立陶宛加入欧盟后，吸收转化了欧盟的法律文件。其中，与商标和外观设计相关的有第89/104/EEB号《关于协调成员国商标法的指令》、第40/94号《关于共同体商标的条例》、第98/71/EB号《关于外观设计保护的指令》、第6/2002号《关于共同体外观设计的条例》；与专利相关的有《欧洲专利公约》；与知识产权保护相关的有第2004/48/EB号《关于知识产权保护的指令》。

美谛达律师事务所（以下简称美谛达）成立于1991年。作为立陶宛境内最早的知识产权服务机构之一，美谛达在过去28年间亲历了立陶宛知识产权法律保护体系从无到有，以及融入欧盟知识产权保护体系的全过程。在此期间，美谛达代理了立陶宛独立后第一份专利申请、第一份知识产权保护申请、第一份欧共体商标与外观设计申请、第一份知名商标异议申请和第一起域名保护诉讼，以及立陶宛境内的第一份欧洲专利申请。

美谛达与本书作者孙那博士和赵鑫臻博士相识多年，就中国与立陶宛两国间的知识产权事宜有过多次合作。在他们的帮助下，美谛达已经成为中国权利人与欧盟知识产权保护体系之间的一座桥梁。当两位作者邀我作序时,我欣然应允。立陶宛是新兴的国际研发中心,在激光、制药、信息技术、生物科技等领域具有一定优势,立陶宛首都维尔纽斯被《纽约时报》评为现代宜居城市,立陶宛人民在欧洲以热情好客著称。我很高兴有中国同行对立陶宛与欧盟的知识产权法进行研究,希望更多的中国朋友关注立陶宛。

最后,我祝贺本书的出版发行,希望读者朋友们从本书中有所收获。

瑞达 · 查伯列涅*

维尔纽斯

2019 年 7 月 1 日

---

* Reda Zaboliene,立陶宛美谛达(METIDA)律师事务所创始人、管理合伙人、律师、专利代理人、欧洲专利代理人、欧盟商标与外观设计代理人。

目　录

立陶宛著作权与邻接权法

1999 年 5 月 18 日第Ⅷ－1185 号

维尔纽斯

第一章　总　　则

第 1 条　总则

1. 本法规制：

1）文学、科学与艺术作品的著作权；

2）表演者、唱片制作人、转播组织和视听作品（电影）的首次制作人的权利（邻接权）；

3）数据库制作人的权利（特殊权，*sui*

generis rights)；

4)批准、管理和保护著作权与邻接权,批准和保护特殊权。

2. 本法符合附件中欧盟法案的规定。

第2条 基本定义

1. **复制**——以任何形式(含电子形式)与方式直接、间接、长期或临时复制全部或部分作品、邻接权或特殊权。

2. **表演者**——演员、歌唱家、音乐家、舞蹈家、管弦乐队、合奏团和合唱团的指挥和领队,以及其他表演、演唱和朗读文学、艺术或民俗作品的人。

3. **视听作品制作人**——发起和负责创作视听作品的个人或法人。

4. **视听作品**——视频储存设备中储存的带有图像与声音的摄影机作品。

5. **著作权主体**——拥有本法所规定的排他性著作权的作者、其他个人或法人,以及继承排他性著作权的个人或法人(著作权继受人)。

6. **引用**——摘取其他作品中简短的内容,用来证明作者的意见和理解或证明其他作者的意见或想法。

7. **数据库**——系统管理作品、数据或其他资料,可以通过电子或其他方式使用，但不包括建立或管理数据库所需的电脑软件。

8. **唱片**——利用技术设备记录作品或声音的实物载体。

9. **唱片制作人**——负责首次记录作品或声音的个人或法人。

10. **摄影作品**——利用光线或者任何其他射线方法记录下的图像。视听作品中的图像是该作品的一部分，但不是摄影作品。

11. **邻接权**——直播（现场表演）、播放储存设备中的声音或视听作品、唱片、首次录制视听作品（电影）、转播组织的广播和（或）电视转播。

12. **邻接权主体**——表演者，唱片制作人，转播组织，视听作品（电影）的首次制作人，拥有本法规定的排他性邻接权的其他个人、法人和权利继受人。

13. **权利管理信息**——著作权、邻接权和特殊权主体的信息，以此识别作品、邻接权或特殊权内容、权利人身份，以及使用上述权利的规则与条件、编码、图形标志或条码等信息。

14. **发行**——为了满足公众需求而制作一定数量的作品、邻接权或特殊权副本。如果允许公开使用作品、邻接权或特殊权，则不限定制作副本的方式。

15. **有线转播**——使用包括卫星设备在内的有线或无线设备播放广播和（或）电视节目。

16. **有线转播运营商**——在公共线路上采用有线或微波设备将电视或广播信号转播至40名及以上用户的个人或法人。

17. **计算机软件**——文字、编码、方案或其他指令的总和,以此让计算机可以完成特定任务或达到特定结果,以及准备这些指令所需的材料。

18. **作品**——文学、科学或艺术领域的原创性结果,不论其艺术价值、表现形式或方式。

19. **作品、邻接权或特殊权的使用者**——使用作品、邻接权或特殊权的原件或副本(以任何方式创作、发行、进口、销售、租赁、推广、公开使用、公开展示、转播或公布)。如果表演者未将作品或邻接权用于公开表演,则表演者不是作品或邻接权使用者。

20. **许可**——著作权、邻接权或特殊权主体(许可人)的许可,允许作品、邻接权或特殊权的使用者(被许可人)在指定区域内,根据《许可协议》指定的方式和条款,使用作品、邻接权或特殊权的原件或副本(许可内容)。许可可以是排他性或非排他性。排他性许可是指被许可人获得使用许可内容的权利后,许可人和其他人丧失使用该许可内容的权利。非排他性许可的许可人允许被许可人使用许可内容的同时,许可人和其他人仍然有权使用该许可内容。

21. **非法复制行为**——未经权利人或其代理人的许可(没有

订立协议或者违反协议条款，本法规定无须权利人同意的情况除外)，则在立陶宛境内制作的作品、邻接权或特殊权副本是非法的；未经权利人许可在作品、邻接权或特殊权的副本中销毁或更改权利信息。

22. **出租**——在一定期限内将作品、邻接权或特殊权的原件或副本用于获取直接或间接商业利益。

23. **无偿使用**——在一定期限内将作品、邻接权或特殊权的原件或副本无偿提供给图书馆或其他公共机构使用。

24. **特殊权主体**——在收集、整理、检查和提供数据库内容的工作中付出定性和(或)定量(知识、金融和机构)投资的数据库制作人和其特殊权的继受人(个人或法人)。

25. **应用艺术作品**——采用手工或加工方式制造用于实际使用的艺术作品。

26. **转播**——采用无线通信工具或卫星信号公开传播声音或声音与图像；如果转播组织为公众提供解码设备或者允许公众获得解码设备，则加密信号传播也是转播。

27. **转播组织**——基础业务为制作和转播广播、电视节目、自有频道与节目的有线运营商。

28. **公开表演**——作品表演、演唱、弹奏、朗诵、阅读、舞蹈，以及一切直接(现场表演)和间接(通过设备让公众可以参与公开表演)的表演形式。

29. **公开发行**——通过频道、无线设备和任何公开传播的方式,让公众在选择的地点和时间接触作品。公开发行邻接权是指公开传播邻接权,包括可以公开听到的唱片录音,转播除外。

30. **公开展示**——在显示器上使用幻灯片、使用电视图像或类似方式展示原件作品或副本,以及位于不同地点的公众可以随时了解被展示的作品。

第3条 法律适用范围

1. 本法适用于:

1)拥有立陶宛国籍、常驻立陶宛或注册地址在立陶宛的作者和邻接权主体。

2)在立陶宛境内首次发表作品的作者,以及在立陶宛境内与境外同时发表作品的作者。在境外首次发表作品后30日内又在立陶宛境内发表该作品的,视为该作品在数个国家同时发表。

3)常驻地址或注册地址在立陶宛境内的视听作品的作者。

4)在立陶宛境内发布建筑作品的作者,以及作品成为立陶宛境内建筑一部分的作者。

5)拥有立陶宛国籍或常驻立陶宛的演员,在立陶宛境内表演作品的演员，在立陶宛境内的表演受本法保护的演员，表演作品被电视节目转播的演员。

6）注册地址在立陶宛境内的转播组织和有线运营商，通过立陶宛境内的信号发送设备转播节目的转播组织和有线运营商，从立陶宛境内向卫星发送信号进行转播的转播组织。

2. 本法涉及特殊权的规则适用于拥有立陶宛国籍、常驻立陶宛或注册地址在立陶宛的数据库制作人。

3. 本法适用于立陶宛批准的国际条约和立陶宛必须遵守的其他法律文件所保护的作者、邻接权人和数据库制作人。

第二章 著 作 权

第一节 著 作 权

第 4 条 著作权

1. 著作权——原创文学、科学和艺术作品，是创作行为的成果。

2. 著作权包括：

1）书籍、手册、论文、日记和其他文学作品，以及电子文学作品和计算机软件；

2)演讲、讨论、授课和其他口头作品；

3)文字和口头科学作品(学术讨论、研讨会、专著、推论、学术项目、学术项目文件和其他学术作品)；

4)戏剧、音乐剧、童话剧、舞台舞蹈和其他在舞台上表演的作品和戏剧,以及电影剧本和剧本方案；

5)有文字或无文字的音乐作品；

6)视听作品(影院电影、电视电影、电视频道、视频、电影胶片和采用电影设备表现的作品)和广播节目；

7)雕塑、绘画和图像作品,纪念和装饰艺术,其他艺术作品和布景作品；

8)摄影作品和采用摄影方法创作的其他作品；

9)建筑作品(建筑项目、图纸、设计、模型和建筑)；

10)应用艺术作品和非工业设计作品；

11)图解、地图、平面图、花园和公园设计图、设计、涉及地理或地形的三维作品；

12)其他作品。

3. 著作权还包括：

1)使用文学、科学和艺术作品后的演绎作品(翻译、露天表演、改编、注解、论文、评论、音乐、音乐改编曲、静态和动态互联网页面、其他演绎作品)；

2)汇编作品、汇编资料和数据库,是作者收集工作产生的创造性结果;

3)本法第5条第2款规定的法律文件、官方行政文件、法律性文件或规范性文件的非官方翻译文本。

4. 演绎作品和汇编作品的著作权不违反原作品的著作权,但数据库中包含的数据或资料除外。

第5条　不受著作权保护的对象

不受著作权保护的对象是:

1)创意、程序、进度、系统、行为方式、概念、原则、发明或单独资料;

2)法律规范,官方行政文件、法律文件和规范性文件(决定、判决、规则、规范、地区规划文件和其他官方文件),以及上述文件的官方翻译文本;

3)受其他法律规范保护的国家性标志(国旗、国徽、国歌、货币标志和其他官方标志);

4)已注册的官方立法草案;

5)有关事件的特殊信息;

6)民俗作品。

第二节 著作权主体

第6条 作者

1. 作者是创作作品的个人。

2. 如果个人的姓名被标注在作品里，则该个人为作者，除非另行说明。当作品标注作者姓名的位置显示为笔名时，如果对笔名的所有人身份没有疑问，则使用该笔名的个人是作者。

3. 如果对笔名的所有人身份有疑问或者作品未标注作者姓名，则作品发行人代表作者维护作者的著作权，直至作者披露自己的姓名和声明其本人是作品作者。

第7条 合作作品作者

1. 当两个或两个以上的个人合作创造一个作品时，无论该作品是否可以拆分为单独几部分，都视他们为合作作者。如果作品的一部分可以被单独使用，则将该部分视为该作品的单独部分。

2. 根据协议确定合作作者的相互关系和报酬分配。如果合作作者没有订立《报酬协议》，则根据每一个作者参与创作的份额确定报酬比例。合作作者相互之间不能禁止使用该合作作品。

3. 每个合作作者都有权自行使用该合作作品中其参与创作

的部分，除非《合作作者协议》中另行约定。

4. 为作品创作提供物质、技术或组织援助的人不是合作作者。

第8条　汇编作品中的著作权

1. 汇编作品的经济性权利（百科全书、百科字典、学术汇编作品、报纸、杂志和其他集体作品）属于发起和主导作品创作的个人或法人。

2. 如果协议中没有其他规定，则汇编作品的每个著作权人都享有单独使用自己作品的排他性权利。

第9条　履行职务或工作期间创作作品的著作权

1. 履行职务或工作期间所创作的作品的著作权属于参与创作的个人或团队。

2. 如果协议未另行规定，则雇员在履行职务或工作期间所创作作品（不含计算机软件）的经济性权利在5年后转让给雇主。

第10条　计算机软件的著作权

1. 计算机软件的著作权主体是参与创作软件的个人或团体。本法保护独创性计算机软件。在确定计算机软件的独创性时，不适用任何质量或艺术评判标准。

2. 如果协议未另行约定,则雇主拥有雇员在履行职务或工作期间所创作计算机软件的经济性权利。

第 11 条　视听作品的著作权

1. 视听作品的著作权属于参与创作的作者,即导演、编剧、作者、画家、运营方和视听作品中专有音乐(带文字或不带文字)的作者。如果视听作品中所包含的作品是基于已有作品改编而成,则被改编作品的作者对自己的作品拥有著作权。

2. 视听作品作者(为视听作品专门创作音乐的作者和作品被加入视听作品的作者除外)与视听作品制作人订立《视听作品创作协议》时,除非协议另行约定,否则应将本法第 15 条第 1 款规定的经济性权利转让给制作人。如果作者的作品被改编为视听作品或者成为视听作品的一部分,则适用本款的规定。

3. 当已有的作品被改编加入视听作品时,双方应依照协议就每一种视听作品的使用方式确定著作权报酬。

4. 当出租视听作品时,该视听作品的合作作者有权得到一定的报酬。承租视听作品或者作品副本的个人或法人应支付报酬。著作权集体管理协会负责该权利的执行。

5. 当作者或著作权集体管理协会执行本条第 4 款规定的权

利时,视听作品制作人应根据作者或著作权集体管理协会的申请,提供必要的信息。

第 12 条　著作权保护标志

作者或其他著作权主体以著作权保护标志向公众证明其著作权。著作权保护标志的 3 个构成元素是字母 C、作者或其他著作权主体的姓名(名称)和作品首次发行的年份。

第三节　著　作　权

第 13 条　著作权的产生

完成文学、科学、学术和文艺作品创作后产生著作权。

第 14 条　精神性权利

1. 作品作者的精神性权利并不随经济性权利的转让而转让:

1)在作品上清楚注明作者的姓名,公开表演作品时采取可能的方式注明作者姓名(作者权利);

2)使用作品时注明作者姓名、隐藏作者姓名或者注明作者的笔名(作者的姓名表示权);

3)反对任何歪曲或改变作品或作品名称的行为,反对损害作者荣誉或名誉的行为(作品不受侵犯的权利)。

2. 作者的精神性权利不能转让给他人。作者去世后,其精神性权利适用本法第49条第2款的规定。

第15条　作者的经济性权利

1. 作者对下列行为享有排他性权利:

1)以任何形式复制作品;

2)发行作品;

3)翻译作品;

4)改编、整理为剧本或者以其他方式修改作品;

5)销售、出租、无偿使用、进口或出口作品原件或副本;

6)公开展示作品原件或副本;

7)公开表演作品;

8)转播或以其他方式公开发表作品,包括在计算机网络(互联网)上公表作品。

2. 未经作者、作者权利的继受人或作者授权人的许可,任何使用作品原件或副本的行为都是非法的(本法另有规定的除外)。

3. 他人使用作品涉及本条第1款中规定的经济性权利的,作者有权获得报酬。如果现场表演作品、广播、电视转播、传播作品或作品被录制为唱片或视听作品，则作品作者有权得到报酬。如果转播作品、传播作品或者公开发表作品（包括在计算机网络上公开发表），则作者有权得到报酬。作品使用人与作者或著作权集体管理协会应在《许可协议》中约定作者的报酬金额与支付条款。

4. 作者将作品出租给唱片制作人录制唱片后，拥有不可撤销的出租作品的报酬权。承租唱片或唱片副本的个人或法人向作者支付报酬。该权利只能通过著作权集体管理协会实现。

5. 为实现本条第 4 款规定的权利，唱片制作人必须向作者或著作权集体管理协会提供必要的信息。

6. 如果主要对象不是计算机软件（家电中的计算机软件等），则不适用本条第 1 款第 5 项的规定。

7. 建筑和应用性艺术作品不适用作品原件或副本的排他性出租权或使用权的规定。

第 16 条　首次销售或出让作品著作权后推广作品

1. 作者或其权利继受人在立陶宛境内出售或出让作品原件或副本、许可制作作品副本之后，其在立陶宛境内的排他性作品推广权利终止。

2. 本条第 1 款不适用于出租或无偿使用作品原件或副本的

排他性权利。

3. 在图书馆使用图书和其他出版物时，该图书和出版物的作者有权获得使用作品的报酬。政府根据立陶宛著作权和邻接权委员会的建议，确定报酬金额和支付条款。如果是教育和学术机构的图书馆，则不需要支付报酬。

第 17 条　转卖艺术品和手稿原件的收益权

1. 如果转卖价格高于 500 里特，[①]则作者有权从每次公开拍卖或其他方式公开出售艺术品、文学作品或音乐作品手稿原件的收益中获得收益。

2. 本条所指的艺术品是图像艺术、实用艺术和摄影作品。

3. 本条第 1 款规定的收益的 5% 由出售人支付给作者。如果以拍卖或者其他方式公开销售，则活动组织者必须向作者或著作权集体管理协会提供出售作品或手稿原件的信息、出售人信息、作品或手稿的出售价格。

4. 作者死亡后，可根据继承规则将本条第 1 款规定的权利转让给其他人。

---

① 里特(Litas)是立陶宛官方货币名称，1 欧元约合 3.45 里特，从 2015 年 1 月 1 日起，立陶宛全面流通欧元。

第18条　艺术与建筑作品的相邻权

1. 如果不侵犯艺术作品原件所有权人的合法利益且艺术作品原件所有人未获得复制作品或公开展示作品的权利，在确保作品安全的情况下，艺术作品原件所有人必须允许作者复制作品或将作品用于公开展示。

2. 在艺术作品所有权人未向作者建议归还作品之前，不能销毁作品。如果无法向作者归还作品，则必须为作者提供制作复制件的条件。

3. 如果《作品协议》未另行规定，则建筑作品委托人必须允许作品作者参与实施楼宇项目或其他建筑项目（准备建筑文件、施工或监理）。

4. 如果协议未另行约定，由于技术原因或者实际使用需要，建筑作品（楼宇或其他建筑）所有人不经作者许可也可以修改楼宇或其他建筑作品。

5. 建筑作品作者有权为将拆除的楼宇或建筑拍照，以及有权保留该楼宇或建筑项目模型的复制品。

第四节　经济性权利限制

第 19 条　限制经济性权利的条件

1. 允许根据本法规定的情形限制经济性权利。限制经济性权利不能违反作品的正常使用，不能无根据地侵犯作者或其他著作权人的合法利益。

2. 本法规定的情形中，经济型权利的限制只能适用于非商业目的。确定作品、邻接权或特殊权对象是否用于非商业目的时，应考虑使用目的。这种情形下，作品、邻接权或特殊权对象的使用人法律形式、组织结构和出资方式并非决定性因素。

第 20 条　出于个人需要复制作品

1. 个人出于自身非商业目的的需要，可未经作者或其他著作权人许可合法地复制作品或者公开发布作品副本。

2. 以个人目的的复制（拍照或适用其他类似程序将作品复制在纸张上或其他类似存储物中）适用本法第 20^{1} 条的规定。

3. 本条第 1 款的规定不适用于如下作品：

1）建筑作品；

2）计算机软件（本法第 30 条和第 31 条规定的情况除外）；

3)电子数据库(本法第32条规定的情况除外)。

4.根据本条第1款的规定,以个人目的将作品和邻接权复制在模拟或数字设备中时,著作权及邻接权主体不可撤销地有权获得补偿性报酬(本条简称补偿性报酬)。

5.对于本法附件1规定的初次在立陶宛境内销售的由立陶宛境内制造或运入境内的供个人使用的设备(以下简称设备)、空白模拟和数字声音及视频存储设备(本条简称空白存储设备),应支付补偿性报酬。在立陶宛境内销售这些设备和空白存储设备的人(本条简称补偿性报酬付款人)应支付补偿性报酬。

6.本法规定的应支付补偿性报酬的空白存储设备清单和报酬费率应至少每2年检查1次。政府与补偿性报酬付款人的代理协会及集体管理组织协商是否采用本法第74条第1款和第2款规定的技术保护措施后,确定补偿性报酬的其他付款条件和规则。

7.出现下述情形时,根据政府规定的规则返还已支付的补偿性报酬:

1)因职业需要而获得空白存储设备。本条中的职业需要是指转播组织、向视听作品及唱片制造商提供视听作品的个人的需要,复制作品的目的明显并非个人使用(例如,公共管理和国防机构及组织、医院、教育机构、图书馆和国家档案馆、博物馆、科学研究机构及组织内复制作品，以及上述机构履行职责时需要复制作品）；

2）因残疾人的需要而获得空白存储设备；

3）将空白存储设备带出立陶宛。

8. 政府授权机构指定的集体管理组织根据政府的规定，收集和分配补偿性报酬，并向本条第 4 款规定的权利人支付。

9. 根据政府规定收集的补偿性报酬的 25% 分配如下：1/5 的补偿性报酬资助本法第 78 条第 3 款规定的维权措施；2/5 的补偿性报酬资助著作权和邻接权保护计划，但不包括集体管理组织实施的著作权和邻接权保护措施；2/5 的补偿性报酬资助集体管理组织全体成员根据本法第 72^1 条的规定，决定实施的创作、教育和（或）著作权及邻接权保护计划。政府授权机构每年 4 月 10 日向立陶宛广播电视委员会支付本条规定的补偿性报酬，用于资助本法第 78 条第 3 款规定的维权措施。

10. 从补偿性报酬中扣除本条第 9 款规定的款项和集体管理费用后，剩余款项分配如下：

1）因空白声音存储设备所收集的补偿性报酬的 1/3 给作者，1/3 给表演者，1/3 给唱片制作人（包括转播组织定制的唱片）；

2）因空白视频存储设备所收集的补偿性报酬的 1/3 给作者，1/3 给表演者，1/3 给视听作品制作人（包括转播组织定制的视听作品)。

11. 补偿性报酬金额应在本条第 5 款规定的设备销售账目文件中单独计算和注明,并且在备注中注明如果出现本条第 7 款规定的情形,则存储设备的持有人有权要求返还补偿性报酬。

第 20[1]条　以个人目的复印作品

1. 未经作品作者或该作品著作权其他权利人许可,允许以个人目的合法地复印(在纸张上或其他类似存储设备上拍照或采用其他类似方式)已发表的文章、作品、作品介绍,但必须是非商业目的。

2. 本条第 1 款的规定不适用于复印整本书、书的大部分内容或者复制音乐作品。

3. 著作权人和发行人有权就本条第 1 款注明的复印作品获得补偿性报酬(本条简称补偿性报酬)。

4. 向个人提供的复印服务应收取补偿性报酬,本法规定的复印设备(本条简称复印设备)首次在立陶宛境内销售、制造或者以个人目的运入立陶宛时,应支付补偿性报酬。提供复印服务和在立陶宛境内销售复印设备的人(本条简称补偿性报酬付款人)应支付补偿性报酬。

5. 本法规定的支付补偿性报酬的复印设备清单、复印设备补偿性报酬费率及复印服务费率应至少每2年检查1次。政府与补偿性报酬付款人的代表协会和集体管理组织协商确定补偿性报酬的其他付款条件和规则。

6. 出现下述情形时,根据政府规定返还已支付的复印设备补偿性报酬:

1)因职业需要而获取复印设备。本条中的职业需要是指复印服务方获取复印设备,以及以自己复制以外的其他目的获取复印设备(例如,行政机构、国防机构、医院、教育机构、图书馆、国家档案馆、博物馆、科学研究机构复制作品,以及上述机构履行职责时需要复制作品);

2)因残疾人的需要而获取复印设备;

3)将复印设备运出立陶宛。

7. 政府授权机构指定的集体管理组织根据政府的规定,收集和分配补偿性报酬,并向本条第3款规定的主体支付。

8. (2019年1月1日已失效)。

9. 从补偿性报酬中扣除集体管理费用后,剩余金额分配如下:

1)60%分配给作者,其中20%分配给科学和商业文学作品作者,15%分配给小说和论文作品作者,15%分配给艺术作品作者,10%分配给纪实文学作品作者(记者);

2)20%分配给书籍发行人;

3)20%分配给期刊发行人。

10. 补偿性报酬金额应在本条第4款规定的设备销售账目文件中单独计算和注明,并且在备注中注明如果出现本条第6款规定的情形,则复印设备的持有人有权要求返还补偿性报酬。

第21条　引用

如果复制行为是诚实的,而且没有超出引用所需的范围,在未经作品作者或其他著作权主体许可的情况下,允许在其他作品中以原文或翻译文本的形式引用(例如,出于评议或者回顾的目的)已出版或已发表作品的一小部分。引用时必须注明所引用作品的来源和作者名称。

第22条　以学习和研究为目的使用作品

在下列情况中,如果注明作品来源与作者姓名,则未经作者或其他著作权主体许可可以无偿使用作品:

1)以学习和研究为目的,少量复制全部或部分已出版作品;

2)以教育、学习或研究为目的,为听力或视觉障碍人员复制已出版作品,但不包括专为听力或视觉障碍人员创作的作品;

3)如果作者或其他著作权主体不禁止,则允许在公共图书

馆、教学机构、博物馆、档案馆或特定机构的计算机网络中以研究、个人学习为目的,使用已发表作品;

4)在学校、学前教育机构的晚会、展览上非商业性地公开表演或展示作品。

第 23 条　以复印方式复制作品

1. 未经作者或其他著作权主体的许可,允许以复印的方式(影印或其他类似方式)复制作品:

1)非商业目的一次性复制已出版的文章或作品节选。如果多次复制行为之间没有关联,则允许多次复制。

2)如果是一次性复制行为,出于保护的目的,允许以非商业目的复制图书馆、教学机构、博物馆或档案馆内(计算机网络上发布的作品除外)已丢失、损坏或无法正常使用的作品。如果多次复制行为之间没有关联,则允许多次复制。

2. 如果复印(影印或类似方式)整本图书、图书的大部分内容或音乐作品,则不适用本条第 1 款第 1 项。

3. 作者和发行方有权从本条第 1 款第 1 项规定的复印作品中获得报酬。由提供复印服务的人支付报酬。政府在参考是否适用本法第 74 条第 1 款和第 2 款规定的技术保护措施后确定报酬金额、分配与支付条款。政府授权机构指定的著作权集体管理协会负责收集、分配和向作者及发行方支付报酬。

第 24 条　以提供信息为目的使用作品

1. 不经作者或其他著作权主体的许可，允许：

1）当作者或其他著作权主体不禁止，并注明来源和作者姓名时，在媒体上复制作品，公开发表涉及经济、政治或宗教题目的文章，采用类似方式传播作品；

2）在出于提供信息的目的使用作品，并且被使用的内容是辅助性信息，又注明来源和作者名称时，通过广播或电视在媒体上复制和公开发布有关公众生活事件或日常事件的文学和艺术作品；

3）在注明来源和作者姓名时，在报纸、期刊或以其他任何形式向公众发表正式讲话时使用的作品，以及法院庭审期间以提供信息为目的使用作品；

4）在宣传艺术作品展会或销售活动时，以非商业目的在宣传资料上使用作品信息；

5）当涉及设备演示或修理时，复制和公开作品。

2. 本条第 1 款第 3 项的规定不适用于制作或许可制作汇编作品的排他性著作权。

第 25 条　残障人员使用作品或其他权利

1. 未经作者或其他著作权人的许可，在注明来源和作者名称的情况下，允许残障人员无偿地公开发表、复制、使用作品，但不包括专为残障人员创作的作品。

2. 立陶宛境内的被授权主体可以根据本条第 1 款的规定复制、公开发布、推广以及向所有欧盟成员国境内的残障人员提供作品。立陶宛境内的残障人员可以从任何欧盟成员国境内的主体处获得作品副本。为实施本款的规定，被授权主体可以复制书籍、杂志、报纸、期刊、存储设备中的作品和电子格式的作品（例如，音频读物）。

3. 排除本条第 2 款规定的约定无效。

4. 被授权主体在立陶宛境内实施本条第 2 款规定的事项时，应：

1）确保作品的推广、发布仅用于残障人员或者其他被授权人；

2）采取适当措施，避免未经许可的复制、推广、发布行为；

3）严格管理作品或副本；

4）在自己的网页上或通过其他渠道发布和更新本款第 1 项、第 2 项和第 3 项的执行信息；

5）根据残障人员的请求，提供作品的名称等信息。

5. 政府授权机构在自己的网页上公开发布立陶宛境内可实施本条第 2 款规定的事项的被授权主体名单。政府授权机构向欧洲委员会提供这些信息。

6. 政府授权机构根据欧洲议会和委员会的第 2017/1563 号条例,制定作品修改和盲文版本复制等规则。

第 26 条　在宗教仪式中使用作品

宗教仪式期间,无须作者或其他著作权主体的许可,即可无偿复制和公开发表作品。

第 27 条　以公共安全为目的的使用作品

以公共安全、国家权利、国家治理或法院诉讼为理由无偿复制和公开发表作品时,无须作者或其他著作权主体许可。

第 28 条　限制建筑与雕塑作品的著作权

1. 下列无偿行为无须经作者许可:

1)将复制和发行的建筑作品和雕塑设置在公共区域,但不包括展会和博物馆;

2)在重建中使用该建筑的设计方案、图纸或模型。

2. 如果原建筑作品或雕塑是重建中的主要组成部分,而且是出于直接或间接的商业利益,则不适用本条第 1 款第 1 项的规定。

3. 本条第 1 款第 1 项的规定并不适用于复制建筑作品和制

作雕塑副本。

第 29 条　临时复制作品

1. 下列无偿行为不必经作者许可：

1）著作权主体许可或法律不限制时，允许出于非商业性目的的临时复制行为，以确保第三方在计算机网络上合法使用该作品。

2）转播组织或以转播组织的名义使用自有设备制作作品副本。

2. 转播完成后必须删除本条第 1 款第 2 项注明的作品副本，该作品副本最多可以保留 30 日。如果是特殊文件的副本，则可以交由国家档案局保管。

第 30 条　以改编为目的复制计算机软件

1. 能证明有下列必要原因的，即便没有得到作者或其他著作权主体的许可，计算机软件使用者也有权复制或改编计算机软件：

1）确保正常使用计算机软件，包括修正软件错误；

2）丢失、损坏或无法正常使用计算机软件，可以合法使用计算机软件副本。

2. 如果计算机软件副本使用者为了确定软件的创意和运行原理（安装软件、转交软件信息或保存软件信息），可以实验、研究或检查软件的运行情况，无须经作者或其软件著作权主体许可。

3. 如果复制或修改计算机软件副本的目的不符合本条第 1 款的规定，则必须获得作者或其他著作权主体的许可。

4. 妨碍本条第 1 款和第 2 款规定的协议无效。

第 31 条　反向编译计算机软件

1. 确有必要通过复制或翻译计算机软件代码来保证软件间相互协调的，在符合下列情况时，可以不必获得作者或其他著作权主体的许可：

1）复制或翻译计算机软件的人有许可、有权利或被授权进行这类行为；

2）本条第 1 款第 1 项注明的主体之前不知道如何确保软件间相互协调；

3）复制或翻译行为只针对计算机软件中需要协调的部分。

2. 禁止根据本条第 1 款的规定获取下列信息：

1）使用的目的不是确保软件间相互协调；

2）将信息转交给其他人，除非出于确保软件间相互协调的目的；

3）将信息用于类似计算机软件的发明、制造、推广或其他侵犯著作权的行为。

3. 排除本条第1款规定的条款无效。

第32条　使用数据库

1. 数据库的合法使用者有权未经作者或其他著作权主体的许可，履行本法第15条第1款注明的行为，但必须以了解数据库内容和正确使用数据库为目的。

2. 如果数据库的合法使用者只有权使用部分数据库，则本条第1款的规定适用于其可以使用的那部分数据库。

3. 妨碍本条第1款规定的条款无效。

4. 在注明来源并且出于非商业目的的前提下，未经作者或其他著作权主体的许可，可以将已发表的数据库用于学习、研究，或基于公共和国家安全利益的考量，用于公共治理和法院诉讼行为。

第33条　作品展示

以非商业目的公开展示艺术作品原件或副本时，如果被展示的艺术作品原件或副本的所有权已经被转让给他人，则无须作者或其他著作权主体的许可。

第五节 著作权有效期

第 34 条 著作权有效期

1. 经济性权利的有效期为作者生前加死后 70 年。

2. 精神性权利受到永久保护。

第 35 条 特殊经济性著作权的有效期

1. 合作作品的经济性权利的有效期为所有作者生前和最后一位作者死后 70 年。

2. 如果作品中未注明作者姓名或只注明作者笔名,则经济性权利的有效期为可以合法接触该作品之日起 70 年。如果对作品作者的身份没有疑问或者在注明的期限内可以确定作品作者的真实姓名,则经济性权利的有效期为作者生前和死后 70 年。

3. 合作作品的经济性权利有效期为可以合法接触该作品之日起 70 年。如果对该作品的所有作者身份没有疑问,则适用本条第 1 款的规定。

4. 视听作品经济性权利的有效期为该作品导演、作者、运营方和作品音乐作者生前加死后 70 年。

5. 音乐作品及歌词的经济性权利有效期为音乐作品及歌词作者生前加死后 70 年。

第 36 条 著作权有效期结束后发表作品的经济性权利

1. 如果个人或法人在著作权有效期结束后才首次公开发表作品,则其拥有本法第 15 条第 1 款规定的作品的排他性著作权。

2. 本条第 1 款所规定权利的有效期为作品首次发表或发表之日起 25 年。

第 37 条 计算著作权有效期

1. 本法第 34 条至第 36 条规定的期限从可以计算期限的法律根据出现后次年的 1 月 1 日起计算。

2. 单独发表作品的每一部分(每卷、每部分、每章、每集)的,该作品每部分的著作权有效期根据其具体发表日期单独计算。

第六节 转让与许可经济性权利,著作权协议

第 38 条 转让经济性权利

1. 可以依据协议、继承规则和法律规定转让经济性权利。

2. 可以完全转让、部分转让、有偿转让或无偿转让经济性权利。

3. 未完成的作品不得转让。被转让的经济性权利不能包含未知作品的使用方式。

4. 精神性权利不得转让。精神性权利独立于经济性权利，不能随经济性权利一起转让。

第 39 条 《著作权协议》

1.《著作权协议》一方（作者或著作权人）有权向协议另一方（权利继受人或被许可人）转让文学、科学或艺术作品的经济性权利，或者协议一方依照协议约定创作作品后转让给协议另一方。如果协议未另行约定，则协议另一方必须根据协议约定的条款使用作品和支付报酬。

2. 作者可以根据《著作权协议》或《许可协议》（排他性许可或一般许可）向他人转让或许可本法第 15 条第 1 款规定的经济性权利。如果协议明确注明为排他性许可，则视为《排他性许可协议》。获得经济性权利的人是经济性权利的继受人。

3. 为作品提供编辑、咨询和技术服务或其他服务的协议不是本法所称的《著作权协议》。未涉及作品经济性权利的转让或许可协议不是《著作权协议》。

第 40 条 《著作权协议》的条款

1.《著作权协议》或《许可协议》中必须包括如下条款：

1）作品名称（如果是外国作者，则注明作品的外文原名）。著作权集体管理协会颁发的许可除外。

2）作品描述（作品类型、名称、对作品的基本要求）。

3）被转让或许可的经济性权利（作品使用方式）和许可类型（排他性或非排他性许可）。

4）权利转让或许可的区域。

5）权利转让或许可的期限。

6）作者报酬金额、支付条款与期限。

7）争端解决与各方责任。

8）其他条款。

2. 如果《著作权协议》或《许可协议》未注明期限，则协议中的任何一方可以提前1年书面通知另一方终止协议。如果《著作权协议》未注明有效区域，则经济性权利适用于立陶宛全境。

3. 通过《著作权协议》转让全部经济性权利时，只能转让《著作权协议》中注明的作品使用方式。如果《著作权协议》未注明作品的使用方式，则该协议允许用来实现被转让或被许可人实现其目的而所需的所有使用方式。

第41条 《作品预订协议》

1. 作者必须按照《作品预订协议》的规定创作作品，作品完成后必须向预订人转交协议中注明的作品的经济性权利或许可预订人依照协议规定的使用方式使用作品。如果协议未另行规定,则预订人必须向作者支付协议规定的报酬。

2. 如果协议未另行规定,则预订人将拥有根据《作品预订协议》所创作艺术作品的著作权。

第 42 条 《著作权协议》的形式

1. 涉及经济性权利的《著作权协议》、《著作权许可协议》和《作品预订协议》应采用书面形式。在期刊上发表作品的协议不在此限。

2. 如果传播存储在实物储存设备中的计算机软件和电子数据库,则依照《许可协议》使用计算机软件或电子数据库,包括允许消费者获得计算机软件包或数据库包(软件包)的权利。《许可协议》注明的计算机软件或电子数据库使用者条款是强制性的,必须符合《消费者权利法》和《国家法定语言法》的要求。当通过计算机网络提供计算机软件或电子数据库时,可以向使用者提供电子版《许可协议》,消费者开始使用计算机软件或电子数据库之前,必须确认该协议。

3.《著作权协议》无效的,适用《民法典》的契约无效规则。

第 43 条 《发行协议》

1. 依照《发行协议》,作者或其他著作权主体根据确定的著作权报酬,可以向出版人转让或提供复制(印刷或其他方式)文学、科学或艺术作品和向公众推广的权利。

2. 除非协议另有约定,用于复制作品的手稿、副本或其他储存设备的所有权属于作者。

3. 规制出版法律关系的规则不适用于期刊和其他合作作品。

4. 发行人法律关系适用定制文学、科学或艺术作品的相关规则。

第 44 条 《发行协议》的形式和条款

1.《发行协议》的订立必须采用书面形式。

2. 除本法第 40 条和第 41 条规定的条款外,《发行协议》还可以规定提供作品的规则,方式,批准规则与期限,作者权利与义务(修改、编辑、校样等),最大与(或)最小发行数量,推广规则,向作者转交发行物数量和其他条款。

第 45 条 作品出版为书籍

1. 当作品出版为书籍时,除本法第 40 条和第 44 条规定的条款外，出版人必须注明：

1）出版作品所采用的语言（一种或多种语言）；

2）出版物式样（格式、封面、说明等）。

2. 如果《发行协议》未注明出版物语言，发行人只有权采用原件语言出版作品。

3. 作品转让后5年内，发行人未采用《发行协议》指定的所有语言出版作品的，作者可以出版作品未采用约定语言为由终止协议。

4. 本条第3款适用于翻译至立陶宛语和其他语言的外国作者的作品。

第46条 《发行协议》中的出版人义务

1. 根据《发行协议》，发行人必须：

1）采用商定的方式和形式，在协议规定的期限内发行作品，未经作者许可不得修改作品，在每份发行物中注明作者的姓名、笔名或者其他身份信息；

2）在协议未另行规定时，将准备发行的作品交作者审阅；

3）依照协议规定的时间和条款推广已发行的作品；

4）确保作品的商业推广符合发行业的惯例；

5）依照协议规定的期限和规则计算与支付著作权报酬；

6）在协议未另行规定时，向作者返还已发行作品的原件（手稿）、副本或其他存储设备；

7）应作者要求，向其提供发行数量、实际收入等信息。

2. 作品再版或增印的，必须在协议中作出约定，且作者报酬不应低于发行人再版或增印收入的5%。发行人应向作者提前通知再版或增印，让作者在合适的期限内修改作品，但此类修改不得改变作品的性质或者不合理地增加作品的出版成本。

3. 如果未在协议规定的期限内发行作品，即使非因发行人事由，作者仍有权终止协议并保留已经按协议支付的报酬。已支付的报酬少于作者损失的，可以请求赔偿损失。

第47条 《发行协议》中的作者义务

根据《发行协议》，作者必须：

1）在协议规定的期限内向发行人提供可供复制的正确形式的作品；

2）保证作品是其原创，符合《发行协议》的条款，未侵犯他人权利；

3）未经发行人书面许可，作者不得向第三方转让或授予协议中所注明作品或部分作品的相关权利，即在协议规定的期限内不得依照相同的方式再次使用作品。如果协议未规定期限，其期限为作品发行之日起3年。

第48条 《著作权协议》的作者报酬和支付条款

1. 法律未另行规定的，双方可在《著作权协议》中约定作者报酬。

2. 作者报酬根据使用者从作品使用中的收入百分比、具体金额或其他方式确定。《著作权协议》可以规定向作者预先支付全部报酬或部分报酬。

3. 如果根据作品使用收入百分比计算作者报酬，则作者或其他著作权主体有权了解有关作品使用范围、使用者所订立的协议与使用作品所获收入的信息。

第49条 经济性权利的继承和精神性权利的保护规则

1. 根据法律或遗嘱继承经济性权利。

2. 依照指定遗嘱执行人的规则，作者有权委托他人保护精神性权利。作者履行该权利的，由作者的继受人保护其精神性权利。如果没有继受人，且本法规定的经济性权利的有效期届满的，由政府授权的机构保护作者的精神性权利。

第50条 转让作品的所有权

1. 作品著作权不涉及作品外在载体表现出的实物的所有权。

作者或其他著作权主体转让作品外在表现出的实物的所有权后，除非协议另有约定，则视为不转让经济性权利或许可使用作品。

2. 作者或其他著作权主体转让经济性权利或许可使用作品后，不视为其转让作品外在表现出的实物的所有权。

第三章 邻 接 权

第 51 条 实现邻接权的条件

1. 实现邻接权时，不得侵犯本法规定的文学、科学和艺术作品著作权。

2. 唱片制作人和（或）表演者有权在每张唱片或每张唱片的包装上标注拉丁字母“P”、排他性邻接权主体的姓名（名称）和唱片首次发行的年份。

3. 如果唱片上未另行说明的，唱片上注明的个人姓名或法人名称视为唱片制作人。

第 52 条 表演者的精神性权利

1. 即使表演者将排他性经济性权利转让给他人，但仍然保留精神性权利。表演者有权要求在表演或表演记录中被署名为表演者，有权反对修改表演或表演记录，以及使用表演或表演记录时损害表演者的尊严或名誉的行为。

2. 表演者的精神性权利不得转让。表演者死后的精神性权利根据本法第 49 条第 2 款的规定获得保护。

第 53 条　表演者的经济性权利

1. 表演者有允许或禁止如下行为的排他性权利：

1）转播和公开发表未记录（录制）的表演，除非表演本身是广播或电视节目；

2）记录未录制的表演；

3）复制表演记录；

4）传播表演记录；

5）销售、出租、无偿使用、转让、进口和出口表演记录或副本时的推广行为。

2. 本条第 1 款第 4 项规定的制作与传播表演记录的权利包括通过有线或无线通信工具传播表演记录，让公众可以在选择的时间和地点了解表演记录（如互联网）。

3. 表演者或其权利继受人出售表演记录或副本后，终止本条第 1 款第 5 项规定的立陶宛境内的权利（不包括租赁和无偿使用的权利）。

4. 与视听作品制作人订立视听表演记录的协议后，除非协议另有约定,表演者有向制作人转让本条第 1 款第 1 项、第 3 项、第 4 项和第 5 项规定的权利。协议双方根据单个转让的经济性权利(使用视听表演记录的方式)确定报酬金额。表演者向制作人转交视听表演记录原件或副本后,有权从中获得报酬,该权利不可撤销。

5. 表演者与唱片制作人订立协议和向制作人转让唱片的出租权后,有权从中获得报酬,该权利不可撤销。

6. 只能通过邻接权集体管理协会实现本条第 4 款和第 5 款规定的报酬权。出租唱片或视听作品的个人或法人支付该报酬。

7. 如果表演者或邻接权集体管理协会要求,视听作品制作人必须提供有关本条第 4 款规定权利的信息。

第 54 条　唱片制作人的权利

1. 唱片制作人有允许或禁止如下行为的排他性权利:

1)复制唱片;

2)发行唱片;

3)传播唱片或副本;

4)销售、出租、无偿使用、转让、进口与出口时推广唱片。

2. 本条第 1 款第 3 项的权利包括通过有线或无线通信工具让公众可以在选择的时间与地点接触唱片或副本[如计算机网络

(互联网)]。

3. 唱片制作人或其权利继受人在立陶宛境内出售唱片或唱片副本,除了出租和无偿使用外,不享有本条第 1 款第 4 项规定的其他权利。

第 55 条　转播和公开发表的报酬权

1. 如果出于商业目的直接或间接转播或公开发表已发行的(无论发行地点)唱片或副本,则表演者和唱片制作人有权获得报酬。使用唱片或副本的个人或法人应当支付报酬。

唱片使用者可与邻接权集体管理协会订立协议规定报酬金额和支付条款。报酬金额可以是使用者收入的百分比或具体金额。如果表演者与唱片制作人的协议中未另行约定,由双方平均分配报酬。

2. 如果唱片使用者与邻接权集体管理协会就报酬金额和支付条款未达成一致,任何一方均可要求立陶宛著作权与邻接权委员会或其他主体出任谈判中间人。唱片使用者与邻接权集体管理协会不接受谈判中间人提供的解决方案的,由法院裁定报酬金额与支付条款。

3. 立陶宛境内的邻接权集体管理协会依据本法的规定,负责为表演者与唱片制作人收取本条第 1 款规定的报酬。

4. 实现本条第 1 款的规定时,不得侵犯作者从使用唱片中获得作品报酬的权利。

第 56 条　转播组织的权利

1. 转播组织有允许或禁止如下行为的排他性权利:

1) 重新传送自己的转播;

2) 通过有线网络重新传送自己的转播;

3) 记录自己的转播;

4) 复制自己的转播;

5) 在对外收费的地点公开发行自己的转播;

6) 公开转播记录或副本[包括计算机网络(互联网)];

7) 销售、转让、进口与出口时推广自己的转播记录或副本。

2. 有线转播运营方和组织不享有本条第 1 款规定的权利。

3. 转播组织或其权利继受人在立陶宛境内出售转播记录或记录副本后,其享有的本条第 1 款第 7 项规定的权利即行终止。

第 57 条　首次录制视听作品(电影)制作人的权利

1. 首次录制视听作品(电影)的制作人有允许或禁止如下行为的排他性权利:

1) 复制视听作品(电影)或副本;

2)转播和公开发行视听作品(电影);

3)销售、出租、无偿使用、转让、进口与出口时推广视听作品(电影);

4)传播视听作品(电影),包括计算机网络(互联网)。

2. 如果制作人或其权利继受人在立陶宛境内出售视听作品(电影)的记录或记录副本,则终止本条第1款第3项规定的权利(出租与无偿使用除外)。

第58条　邻接权限制

1. 在下列情况下,允许不经邻接权主体的许可而无偿使用表演、唱片、视听作品(电影)记录、转播组织的转播和转播记录:

1)复制行为具有短期性和无经济价值的特征,仅是中间人为确保通过计算机网络在第三方之间有效传播或确保合法(邻接权主体允许或法律不限制)而使用邻接权。

2)在介绍性信息中简短复制部分邻接权。

3)邻接权主体不禁止,出于个人使用或科研目的,在公共图书馆、教学机构、博物馆、档案馆或计算机网络上使用邻接权。

4)为保护或复制已丢失、损坏或无法正常使用的作品,或恢复博物馆或档案馆内已丢失、损坏或无法正常使用的作品,可以在公共图书馆、教学机构、博物馆或档案馆使用和单次复制邻接权(计算机网络上的邻接权除外)。如果数次复制之间没有联系,允许多次复制。

5)转播组织用自有设备录制邻接权。录制的内容只能保存30日,使用完毕后必须删除。如果是特殊性质的纪录片,可以交由国家档案馆保管。

6)出于非商业目的为听力障碍者复制邻接权。

7)注明来源和表明表演者姓名,允许以非商业目的在评论或介绍中使用邻接权。

8)以公共安全为目的或为确保国家权利、国家治理或法院诉讼而使用邻接权。

9)宗教仪式中复制和公开发表邻接权。

10)在其他材料中偶然使用邻接权。

11)模仿邻接权。

12)与设备演示或维修相关的情况。

2. 个人以非商业目的,最多可以复制1份表演、唱片、视听作品(电影)或转播机构记录的副本,适用本法第20条规定以非商业目的使用邻接权时支付报酬的规则。

3. 本法第1款规定的邻接权限制不影响在特殊情况下使用邻接权,但这类行为不能侵犯表演者、唱片制作人、视听作品(电影)首次录制人或转播组织的合法利益。

4. 表演者、唱片制作人、视听作品(电影)首次录制人和转播组织只能通过邻接权集体管理协会,依照本法第65条第4款和第5款的规定,实现其有线转播权。该规则不适用于转播组织的自有节目和频道。

第59条　邻接权的保护期限

1. 表演者的精神性权利受永久保护。表演者的经济性权利自表演之日起50年有效。如果上述有效期内合法出版或公开发表表演记录,则表演者的经济性权利的有效期为:

1)未录制表演的,自首次发行或首次公开发表表演记录之日起50年;

2)录制表演的,自首次发行或首次公开发表表演记录之日起70年。

2. 唱片制作人权利的保护期限为自制作之日起50年:

1)有效期内合法发行唱片的,唱片制作人的邻接权保护期限为首次发行之日起70年。

2)有效期内未发行的唱片被合法公开的,唱片制作人的邻接权保护期限为公开之日起70年。

3. 转播组织的邻接权的保护期限是自公开转播之日起50年,转播形式可以是有线信号、无线信号、电缆信号和卫星信号。

4. 视听作品(电影)首次录制人的邻接权的保护期限是自录制之日起50年。如果有效期内合法发行或公开发表视听作品(电影),则录制人的邻接权的保护期限为首次出版或首次公开发表之日(最先发行或公开发布的日期)起50年。

5. 本条规定的期限从出现事实行为之日起次年的1月1日开始计算。

第59[1]条　表演者终止权利转让或授予协议的权利

1. 唱片被合法发行或未发行的唱片被合法公开50年后,唱片制作人或其权利受让人未发行足够数量的唱片副本、未通过有线或无线渠道发布唱片的,表演者可根据本条第2款的规定终止权利转让协议。

2. 表演者发出终止协议的书面文件后1年内,唱片制作人或其权利受让人未以本条第1款规定的方式使用唱片的,表演者可以终止权利转让协议。唱片为集体(合唱、合奏等)表演的,该集体授权代表行使终止协议的权利;未授权的,该集体的领导行使终止协议的权利。

3. 本条第1款规定的表演者终止协议的权利不得撤销,排除该权利的约定无效。

第 59[2] 条　表演者就使用唱片获得额外报酬的权利

1. 权利转让协议约定一次性支付报酬的，唱片合法发行或公开 50 年后，表演者每年有权从唱片制作人或其权利受让人处获得表演复制、推广或发布的报酬。

2. 表演者每年的额外报酬为唱片制作人或其权利受让人使用唱片收入的 20%。表演者要求的，唱片制作人或其权利受让人应提供额外报酬的计算依据。

3. 唱片制作人或其权利受让人每年向表演者支付 1 次额外报酬。政府授权机构指派的集体管理组织负责收集、分配和支付该额外报酬。政府或其授权机构制定表演者额外报酬的收集、分配和支付规则。

4. 本条第 1 款注明的表演者额外报酬权利不得撤销，排除该权利的约定无效。

第 60 条　转让和许可经济性权利

1. 根据协议、继承规则或法律规定转让本法第 53 条第 1 款所规定的权利。

2. 根据协议或法律规定转让唱片制作人、转播组织和视听作品（电影）首次录制人的经济性权利。

3. 根据协议表演者、唱片制作人、转播组织和视听作品(电影)首次录制人可以许可邻接权中的经济性权利。

4. 本法第38条至第46条、第48条和第50条适用于《邻接权转让协议》和《经济性权利许可协议》。

5. 合作作品(合唱团、交响乐团和演员团队等)由该集体的代表订立《邻接权转让协议》或《许可协议》。如果没有代表,则由该集体的负责人订立此类协议。

6. 如果表演者履行职务或工作期间演出作品,则本法第53条第1款规定的权利在5年内属于雇主,协议中另有约定的除外。

第四章　数据库制作人权利(特殊权)

第61条　数据库制作人权利

1. 收集、制作、检查和提供数据库内容时付出投资(知识产权、财务和组织)的制作人有权禁止如下行为:

1)以任何形式或方式将全部或部分数据库内容永久或临时转移至其他储存设备;

2)以任何形式公开传播、出租、转让全部或部分数据库副本。

2. 根据协议、继承规则或法律规定向其他人转让本条第1款规定的权利。

3. 保护数据库制作人的权利时不得侵犯数据库内容作者的著作权与邻接权。

4. 数据库制作人合法售出数据库样本后,其传播数据库样本的权利即行终止。

第 62 条　数据库合法使用者的权利与义务

1. 合法公开传播数据库的,制作人不得阻碍合法使用者将数据库迁移至其他储存设备或少量使用(根据定量与定性数据进行评估)数据库内容。

2. 合法使用者只有权使用部分数据库,本条第 1 款的规则只适用于该部分数据库。

3. 合法公开传播数据库的,合法使用者不得阻碍数据库的正常使用,不得侵犯数据库制作人的合法利益。

4. 合法公开传播数据库的,合法使用者不得侵犯数据内容作者和邻接权主体的作品权与邻接权。

5. 如果协议违反本条第 1 款至第 4 款的规定,该协议无效。

第 63 条　限制数据库制作人的权利

1. 有下列情况之一的,不经数据制作许可,数据库的合法使用者即有权迁移或者使用数据库的大部分内容。

1）因个人使用需要将非电子版数据库内容迁移至其他储存设备；

2）因学习或科研需要将部分数据库作为模板，但必须注明来源；

3）因公众利益、国家安全、公共治理或法院诉讼迁移和使用数据库；

4）在本法第25条第2款规定的例外情形中，非商业性地转移和使用数据库。

2. 如果使用者违反数据库正常使用或侵犯数据库制作人的合法利益，则制作人有权禁止使用者重复和系统摘录与使用数据库内容。

第64条　数据库保护期限

1. 本法第61条规定的数据库保护限期是自完成数据库之日起15年。如果在保护期限内公开传播数据库，则保护期限为公开发表之日起15年。

2. 任何修改数据库核心内容的行为都应视为新的数据库的建立，其保护期限重新开始计算。

3. 数据库保护期限自完成数据库之日起或首次公开传播数据库之日起次年的1月1日开始计算。

第五章 集体管理著作权与邻接权

第一节 总 则

第 65 条 集体管理著作权与邻接权

1. 作者、表演者、唱片制作人、转播组织和其他著作权与邻接权主体有权委托著作权与邻接权集体管理协会(以下简称集体管理协会)管理自己的经济性权利。

2. 集体管理适用于:

1)公开表演音乐与文学作品;

2)转播与公开发表音乐与文学作品,在计算机网络(互联网)上公开传播作品与邻接权;

3)转让艺术作品、文学作品或音乐作品的手稿;

4)转播作品与邻接权,转播运营方的自有节目除外;

5)音乐和文学作品的声音记录(唱片),文学、音乐和其他艺术作品(视听作品)的记录;

6)商业性转播和公开发行唱片;

7)出租作品和邻接权的原件或副本,计算机软件和数据库除外;

8)转让本法第 11 条第 4 款、第 15 条第 4 款、第 53 条第 4 款和第5款所规定权利时的报酬；

9）出版物和广告材料中复制的艺术作品、摄影作品、图样与平面图；

10）复制作品；

11）图书馆提供使用的书籍与出版物；

12）公开展示作品；

13）因个人需要复制视听作品或唱片。

3. 本条第2款第4项、第6项、第8项、第10项、第11项和第13项规定的权利只能通过集体管理的方式执行。

4. 如果著作权或邻接权主体未委托任何集体管理协会，视为已委托集体管理协会。无论是否委托集体管理协会，所有著作权主体或邻接权主体的权利与义务相同。如果立陶宛境内存在多个集体管理协会，则著作权或邻接权主体可以自行选择。

5. 转播运营方与集体管理协会协商确定作品转播权。如果协商各方无法达成协议，则任何一方均可以要求立陶宛著作权与邻接权委员会或其他中间人参与调停。无正当理由不得终止协商，不能阻碍权利主体参与协商。

第66条　集体管理主体

1. 集体管理主体为：

1）立陶宛、其他欧盟成员国或欧洲经济区国家境内（本条简称成员国）设立的集体管理组织；

2）立陶宛和其他成员国境内设立的集体管理独立主体；

3）立陶宛境内设立的第三国集体管理组织办事处或代表处，在立陶宛境内实施集体管理。

2. 本章第一节、第二节、第三节、第四节、第五节和第七节的规定（不包括本法第 72^{28} 条第 2 款第 4 项、第 5 项、第 6 项的规定和第 72^{30} 条第 2 款的规定）适用于所有集体管理组织。

3. 本章第六节、本法第 72^{28} 条第 2 款第 4 项、第 5 项、第 6 项以及第 72^{30} 条第 2 款的规定只适用于网上音乐作品著作权的集体管理和多地区使用者集体管理。

4. 如果集体管理组织的领导或控制人履行本法第 67 条第 2 款规定的集体管理职责，则本节规定只适用于直接履行集体管理功能的情形。

5. 本法第 72^{12} 条、第 72^{15} 条、第 72^{17} 条，第 72^{18} 条第 1 款第 1 项、第 2 项、第 3 项、第 5 项、第 6 项、第 7 项，第 72^{19} 条、第 72^{28} 条和第 72^{31} 条的规定适用于集体管理的独立主体。

第 67 条　集体管理范围及基本行为原则

1. 集体管理组织与著作权人签订的协议（以下简称集体管理

协议)是实施集体管理的依据。根据该协议,著作权人允许被选择的集体管理组织对著作权或邻接权进行集体管理。如果著作权属于集体管理组织的管理范围,除非有客观且合理的理由,集体管理组织不能拒绝管理该著作权的某部分权利或邻接权。

2.集体管理组织履行下述职责:

1)集体管理作品或邻接权的许可;

2)监督作品和邻接权的使用是否符合《许可协议》,以及非法使用作品和邻接权的情况;

3)集体管理收入的收集与追讨;

4)向集体管理的权利人分配与支付款项;

5)根据集体管理组织单独的诉讼权,不经权利人单独委托即可在法院主张著作权和邻接权保护;

6)根据集体管理协议和集体管理代理协议履行其他集体管理职能。

3.集体管理组织应遵守如下基本原则:

1)维护被集体管理的权利人的利益;

2)只在保护权利人利益和维权时,基于合理原因规定权利人的义务;

3)根据集体管理代理协议管理的权利与直接管理的权利适用相同的条件,包括集体管理费用、结算和收入分配。

第二节 集体管理组织的设立和管理,权利人权利及集体管理组织成员条件

第68条 集体管理组织的成立

1. 集体管理组织依法成立,集体管理组织成立人选择法律规定的法人形式。

2. 集体管理组织的成立、登记、管理、运行、重组和解散适用本法,但不得违反《民法典》及适用于法人的法律法规。

3. 集体管理组织按照章程、规则、规范、成立协议或其他文件(以下简称章程)运行。

第69条 集体管理的权利人的权利

1. 集体管理的权利人与集体管理组织订立集体管理协议时,有权:

1)允许管理所有著作权或邻接权、特定类别的权利或者特定类型的作品和邻接权;

2)根据协议可独自(非集体管理方式)许可非商业性地使用被集体管理的作品或邻接权;

3)根据本条第3款的规则取消对集体管理组织的著作权或

邻接权、特定类型权利或特定类别作品和邻接权的管理许可。

2. 集体管理组织章程或加入条件中应包含本条第 1 款规定的权利人权利、实施条件和规则。集体管理组织与权利人签订集体管理协议前,应将本条第 1 款的权利和本条第 3 款、第 4 款和第 5 款的实施条件通知权利人。

3. 权利人实施本条第 1 款第 3 项规定的权利时,应在终止或取消管理许可前 6 个月书面通知集体管理组织,通知应说明终止或取消管理许可的原因。集体管理组织可以决定在当前财务年度结束后再终止或取消管理许可。

4. 集体管理组织尚有作品或邻接权使用费用未支付给权利人的,本法第 72^{7} 条、第 72^{8} 条、第 72^{9} 条、第 72^{15} 条、第 72^{17} 条、第 72^{24} 条和第 72^{27} 条注明的权利的有效期直至终止或取消相应管理权。

5. 集体管理组织被权利人终止或取消管理权的,不得要求权利人将该管理权或部分管理人交由其他集体管理组织进行管理,或者限制权利人选择本法规定的其他权利的方式。

第 70 条　集体管理组织的加入条件

1. 集体管理组织接受符合条件的权利人及其代理人、其他集体管理组织和权利人协会。加入条件必须遵守客观、透明和不歧视的标准。集体管理章程或加入条件中应注明条件和标准,并且应公布在集体管理组织的网页上。

2. 如果集体管理组织拒绝权利人及本条第 1 款规定的其他主体加入,应清楚地说明原因。

3. 集体管理组织应:

1)在章程中注明有效的集体管理决策程序;

2)与成员通过电子手段沟通被集体管理的权利的实施、维权及其他事项;

3)按照立陶宛个人信息保护法律法规的规定登记成员以及收集和更新数据。

第 71 条　非集体管理组织成员的权利人的权利

1. 集体管理组织与非组织成员的权利人之间的关系适用集体管理协议,包括适用本法第 70 条第 3 款第 2 项、第 72^{17} 条、第 72^{25} 条第 3 款和第 72^{27} 条规则的集体管理双边协议和多边协议。

2. 集体管理组织管理本条第 1 款规定的权利人的权利时,应遵守和适用组织成员享有的集体管理条件及权利。集体管理组织应向非组织成员的权利人及其代理人定期提供集体管理信息(作品或邻接权使用条件、集体管理收入)和其他信息。

3. 非组织成员的权利人不参与集体管理组织的活动。

第 72 条　集体管理组织的机构

1. 集体管理组织应设立以下机构：

1）集体管理组织全体成员大会（以下简称全体成员大会）或有权召集所有组织成员的其他机构；

2）一人或多人管理机构；

3）监督机构。

2. 集体管理组织章程中规定机构设置、职能和决策规则。

第 72[1]条　全体成员大会

1. 全体成员大会是集体管理组织的机构，由拥有投票权的成员参加。全体成员大会的授权可由代表执行，该代表由集体管理组织成员选举产生，每 4 年 1 个任期（本条简称代表大会）。代表大会应正确并积极参与集体管理组织的决策。

2. 全体成员大会（代表大会）：

1）就修改集体管理组织章程和加入条件通过决议；

2）指派（选举）和撤销管理机构成员，评估工作成果，确定报酬和其他津贴；

3）规定作品或著作权许可、补偿的支付条件；

4）除本法另有规定外，确定集体管理组织的补偿费率，包括费率优惠；

5）确定集体管理权利人补偿金额的分配规则，决定未分配金额的使用事宜；

6）确定集体管理费用的扣除规则和金额，以及集体管理其他收入的扣除规则（非集体管理费用）；

7）确定集体管理收入的投资管理规则（以下简称投资管理规则）；

8）确定集体管理工作的风险防范规则；

9）审核有关取得、出售或抵押不动产的决议；

10）就集体管理组织重组（合并或拆分）或解散作出决议；

11）评估借贷、放贷的请求并通过决议；

12）就选择和取消审计员或审计机构服务作出决议；

13）确定集体管理组织年度透明度审核；

14）确定集体管理组织的管理机构人员利益申报规则（以下简称利益申报规则）和申诉审议规则；

15）就集体管理的其他重要事项作出决议。

3. 集体管理组织章程应规定全体成员大会可将本条第 2 款第 8 项、第 9 项、第 10 项和第 11 项规定的职能的监督工作交由机构实施。

4. 全体成员大会至少每年召开 1 次。法律和集体管理组织章程规定全体成员大会的召集、投票和决策规则。

第72[2]条　全体成员大会中的代表和委托投票

1. 不存在利益冲突的情况下，集体管理组织的每个成员有权根据法律规定授权他人（代表）参加全体成员大会和投票。

2. 授权仅适用于1次全体成员大会。1位代表只能代表1位组织成员。在全体成员大会上，代表与委托人拥有相同的权利，代表的投票视为委托人的投票。

3. 集体管理组织成员在全体成员大会上可根据法律规定将投票权委托给他人。

第72[3]条　集体管理组织管理机构的义务和机构成员的利益申报

1. 集体管理组织的管理机构应独立、诚实且正确地履行职责，应遵守内部管理程序。

2. 为避免管理机构和权利人之间的利益冲突，以及对集体管理组织的工作产生负面影响，本法第72[1]条第2款第14项规定的利益申报规则应包含管理机构的要求，以及管理、监督和追踪利益冲突的程序。

3. 管理机构的人员应向全体成员大会提交年度个人利益申报，其中应注明如下信息：

1)个人与权利人之间的实际或可能的利益冲突;

2)上一个财务年度内从集体管理组织获得的报酬和其他津贴;

3)上一个财务年度内集体管理组织向其支付的权利人报酬;

4)与集体管理组织、其他法人或个人之间的实际或可能的利益冲突。

第 72^4 条 集体管理组织监督

1. 集体管理组织的监督机构(监事委员会、审查委员会等)负责监督组织的管理工作。

2. 集体管理组织的章程规定监督机构的规则。

3. 监督机构根据章程定期开会。集体管理组织章程和全体成员大会确定监督机构的职能。

4. 监督机构每年至少向全体成员大会提交 1 次工作报告。监督机构的每个成员向全体成员大会提交个人利益申报,其中应注明本法第 72^3 条第 3 款规定的信息。

第三节 集体管理组织收入和财产的管理

第 72^5 条 集体管理组织收入的管理

1. 集体管理组织执行本法第 67 条第 2 款第 3 项和第 4 项规

定的职能时,应确保收入收取、分配和支付的透明。

2. 集体管理组织应:

1)在单独的银行账户中储存集体管理收入;

2)对其他的金融和实务(动产和不动产)财产实行独立财务核算。

3. 除向权利人付款外,集体管理组织不得将收入用于其他事项,但本法第72[1]条第2款第6项、第7项规定的集体管理组织管理费用和投资的情形除外。

第72[6]条 集体管理收入和财产投资

1. 集体管理将收入用于投资时,应遵守本法第72[1]条第2款第7项的投资管理规则和第72[1]条第2款第8项规定的集体管理工作的风险防范规则。

2. 为保护权利人的利益,投资管理规则应遵守如下要求:

1)如果集体管理组织的管理人与权利人之间因投资产生利益冲突,投资标的应符合权利人的利益;

2)投资组合[财务和实物(动产与不动产)财产]应遵守安全、分散和盈利的原则。投资必须分散,避免投资大量聚集在某几个投资标的上。

第 72^{7} 条　集体管理费和其他费用

1. 集体管理组织与权利人订立集体管理协议前,应向权利人提供集体管理费和其他费用(如各类文化、培训服务等)的详细信息。

2. 本条第 1 款规定的费用应有依据,即集体管理组织为权利人提供服务以及本法第 72^{8} 条规定的文化、培训服务。

3. 集体管理费和其他费用不得超过文件中确定的集体管理费用。集体管理费的使用和透明度要求应适用于集体管理组织的所有费用。

第 72^{8} 条　集体管理组织的文化、培训服务费用

1. 集体管理组织可以为权利人提供文化、培训服务,并从集体管理收入中扣除因此产生的费用。

2. 集体管理组织适用本条第 1 款规定的费用支出规则时,必须遵守清楚、诚实和不歧视标准。

第 72^{9} 条　集体管理收入的分配和支付

1. 在不违反本法第 72^{11} 条第 3 款和第 72^{24} 条规定的情况下,根据本法第 72^{1} 条第 2 款第 5 项规定的权利人收益分配规则,集

体管理组织应定期、足额、准确和合理地分配集体管理收入并向权利人付款。

2. 在1个财务年度结束后,集体管理组织及作为其成员的其他集体管理组织应在9个月内分配和支付收入,但客观原因导致集体管理无法遵守上述时限的情形除外。

3. 根据本条第1款和第2款的规定,集体管理组织应采用一切可能的手段来确定权利人的身份、住址或办公地址。集体管理组织应检查本法第70条第3款第3项规定的成员登记资料和其他数据资料,以及立陶宛信息管理类法律规定的登记、注册、信息系统中的可使用的资料。

4. 自本条第2款规定的收入分配和付款期限结束之日起,集体管理组织应在3个月内向成员提交未确定身份、住址或办公地址的权利人的作品或邻接权信息。如果情况允许,这类信息应包括如下资料:

1)作品或邻接权名称;

2)权利人姓名、笔名或名称;

3)作品或邻接权发行人或制作人的名称或姓名;

4)集体管理组织拥有的作品或邻接权的其他信息。

5. 如果集体管理组织采用本条第3款和第4款规定的方法未果,则在本条第4款规定的3个月期限结束后,集体管理组织应在1年内公开发布未确定权利人的作品或邻接权信息。

6. 如果本条第2款规定的原因导致集体管理收入未能在本条第2款规定的期限内分配和支付，则集体管理组织应在单独的账户中保存这些未分配的收入。

第72^{10}条　未分配给集体管理权利人的资金的使用

1. 集体管理组织获得收入后3年内，即使采取本法第72^{9}条第3款和第4款规定的措施也仍然无法向相关权利人分配和付款的，该款项视为未分配给权利人的资金。

2. 全体成员大会根据本法第72^{1}条第2款第5项规定的标准，就未分配给权利人的资金作出决议。这类决议不妨碍权利人向集体管理组织请款。请款的时限适用《民法典》规定的诉讼时效。

第72^{11}条　代理协议中规定的集体管理扣款、收入分配与支付

1. 集体管理组织根据代理协议行使权利时，除集体管理费用外，不得从集体管理收入中扣款。代理协议就扣款有其他具体约定时，上述规则不适用。

2. 集体管理组织应定期、全面、准确和适当地分配和支付集

体管理收入。

3. 财务年度结束后，集体管理组织应在 9 个月内分配和付款，但因客观原因无法及时分配和付款的情形除外。

4. 集体管理组织从代理集体管理组织获得收入后，集体管理组织及作为其成员的其他集体管理组织应在 6 个月内分配和付款，但因客观原因无法及时分配和付款的情形除外。

5. 本法第 72[9] 条第 3 款、第 4 款、第 5 款和第 6 款，以及第 72[10] 条的规则，适用于本条第 3 款和第 4 款规定的集体管理组织。

第四节　集体管理组织与被集体管理的作品或邻接权使用人之间的关系

第 72[12] 条　集体管理组织的许可及条件

1. 集体管理组织与使用人订立许可协议后，许可使用人（本节简称使用人）使用被管理的作品或邻接权。许可协议通常是集体管理组织的标准合同条款，该协议应包括如下条款：

1）授予的权利（作品或邻接权使用方式）；

2）集体管理的作品的描述（许可使用时注明作品或邻接权的名称）；

3）报酬费率、付款和期限；

4)向使用人通知作品或邻接权使用情况的义务;

5)争端解决规则和责任。

2. 如果使用者申请许可,应至少在开始使用作品或邻接权前14天向集体管理组织提交申请,本法第72[1]条第2款第3项规定集体管理组织的许可规则(本节简称许可规则)。许可规则中的标准许可条款应清晰、客观和不歧视。集体管理组织应为使用人创造条件,让后者可以了解被集体管理的许可。使用人应向集体管理组织说明作品或邻接权使用方式、商业范围、目的和其他重要信息。

3. 集体管理组织收到使用人的许可申请后,应立即(自收到申请之日起5个工作日内)根据许可规则接受使用人的申请,授予作品或邻接权的许可;如果使用人未提交全部信息,集体管理组织要求使用人在5个工作日内补充必要信息。集体管理组织收到全部必要信息后,集体管理组织应立即(自收到全部必要信息之日起5个工作日内)向使用人授予许可。

4. 集体管理组织拒绝许可的依据可以为:

1)集体管理组织没有使用人申请许可的作品或邻接权;

2)使用人申请中注明的作品或邻接权使用方式和(或)条件被集体管理协议所禁止;

3)作品或邻接权的商业使用范围或目的会侵犯权利人(作

者或表演者)的名誉或声誉;

4)使用人拖欠集体管理组织的许可费或者违反先前的许可条款,而且在申请许可前并未结清积欠的许可费和(或)停止违法行为;

5)许可申请中缺少作品或邻接权使用方式的信息或许可规则规定的必要信息,而且在集体管理组织说明缺少信息后,使用人并未根据本条第3款的规定补充缺少的信息。

5. 集体管理组织和使用人(多名使用人)可以启动许可协议的单独或集体协商。参与协商的各方应本着诚实、合法和合适原则,提供协商所需的一切必要信息。

6. 如果集体管理组织给使用人的许可被用于网上提供作品或邻接权的新型使用服务,而且在成员国出现的时间短于3年,则集体管理组织可以不将此类新型使用服务的协议条款适用于其他网上服务许可协议。

7. 集体管理组织应让使用人有机会通过电子方式提交许可申请、交流和订立协议。在许可协议中,双方可约定以电子方式向使用人发出许可通知。

第72[13]条　集体管理组织的报酬费率

1. 集体管理组织许可使用人使用作品或邻接权、收集和追讨集体管理收入时，适用根据本法第 72^{1} 条第 2 款第 4 项所确定的报酬费率和优惠费率（不包括本法规定的补偿性报酬费率以及强制性集体管理的报酬费率）。

2. 集体管理组织的报酬费率应考虑使用时的经济价值、作品和邻接权特征、使用范围、集体管理组织服务的经济价值。

3. 本法第 65 条第 5 款规定的强制性集体管理情形中，集体管理组织和使用人（再转播方）协商确定许可作品和邻接权再转播的报酬费率。集体管理组织不得无故终止各方的协商以及阻碍权利人参与协商。如果各方无法就报酬费率达成一致，无法订立作品和邻接权再转播许可协议，则任何一方可以要求本法第 72^{30} 条第 1 款规定的立陶宛著作权和邻接权委员会或其他协商（调解）中间人参与报酬费率和许可协议的协商。

第 72^{14} 条　使用人通知作品或邻接权的使用情况以及通知的要求

1. 集体管理组织要求的，使用人在收到该要求后的 10 个工作日内应向集体管理组织通知作品或邻接权的使用情况（以下简称使用人通知）。使用人通知中应注明作品或邻接权的使用信息，帮助集体管理组织履行其必要职能（收集集体管理收入，向权利人分配和付款）。

2. 集体管理组织和使用人订立许可协议时，可协商修改本条第 1 款规定的通知期限。

第五节 集体管理组织工作的透明性和报告

第 72[15] 条 将被集体管理的权利的信息通知权利人

1. 集体管理组织应每年至少向权利人提供 1 次信息，包括如下资料：

1) 集体管理组织记录的权利人联系信息；

2) 分配给权利人的集体管理收入；

3) 已向权利人支付的金额和作品或邻接权使用特点；

4) 权利人获得款项所对应的作品或邻接权使用时间，但不包括集体管理组织因本法第 72[14] 条规定的原因（使用人的通知）无法提供该信息；

5) 集体管理费用；

6) 其他（非集体管理）费用，包括法律规定的个人所得税和其他税费，以及文化或培训服务费用；

7) 尚未向权利人分配和支付的金额；

8) 与集体管理有关的其他资料。

2. 集体管理组织向组织成员分配集体管理收入时，如果成员没有本条第 1 款规定的信息,则集体管理组织应向成员提供上述信息。

3. 本条第 2 款规定的集体管理主体每年至少向权利人提供 1 次本条第 1 款规定的信息。

第 72^{16} 条　向被代理的集体管理组织提供信息

集体管理组织每年至少以电子形式向被代理的集体管理组织提供 1 次被管理权利的信息,包括如下:

1)已分配并支付的收入以及已分配但未支付的集体管理收入;

2)集体管理费用;

3)代理协议中的其他(非集体管理)费用;

4)作品和邻接权的许可信息以及未许可的作品或邻接权的信息;

5)全体成员大会就管理代理协议项下权利的决议;

6)与代理协议项下权利有关的其他信息。

第 72^{17} 条　权利人、其他集体管理组织和使用人请求提供的信息

在不违反本法第 72^{22} 条规定的情况下,集体管理组织在收到被代理的集体管理组织、权利人或使用人的合理请求后，应立即（自收到请求之日起5个工作日内）以电子形式提供如下信息：

1）集体管理的权利，直接或根据代理协议管理的权利和地域；

2）集体管理的作品或邻接权的种类，被管理的权利和地域（如果无法确定集体管理的权利）。

第72[18]条 集体管理组织信息公开

1.集体管理组织应在网站上公开如下信息：

1）章程；

2）加入条件，终止或取消管理许可的条件（如果章程未规定）；

3）集体管理组织的许可协议条款、集体管理组织确定或协商确定的报酬费率（包括优惠和适用条件）；

4）集体管理组织的管理机构和监督机构成员名单；

5）权利人应得款项的分配规则；

6）集体管理费用规则；

7）集体管理收入、其他投资及服务收入的费用规则；

8）集体管理代理协议清单、与其他集体管理组织签订的代理协议的清单；

9)权利人未分配的集体管理收入的使用规则；

10)集体管理组织受理申诉的规则；

11)本法第 72^{19} 条第 1 款规定的集体管理组织年度透明度报告(以下简称透明度报告)和特别报告；

12)章程、加入条件或集体代理协议中未规定的其他必要信息。

2. 基于本条第 1 款规定的资料、文件及信息的重要性，集体管理组织应在自己的网站上及时发布上述信息的增加或修改情况。

第 72^{19} 条　集体管理组织透明度报告

1. 所有集体管理组织于每年 8 月 31 日前应准备上一财务年度的透明度报告和特别报告。

2. 集体管理组织应根据政府授权机构确定的信息清单，在透明度报告中提供与集体管理相关的统计信息(财务报表)、活动和其他信息。

3. 特别报告应包含本法第 72^{8} 条规定的费用使用信息和本条第 2 款规定的信息。

4. 透明度报告中包含的信息(财务报表)应根据《审计法》进行审计，审计员对财务报表的审计结果应纳入透明度报告。

5. 集体管理组织发布透明度报告后，应确保公众在 5 年内可以从网站上获得该报告。

第六节　集体管理互联网上音乐作品的多地区许可

第 72^{20} 条　多地区许可集体管理的适用范围和条件

1. 立陶宛境内的所有集体管理组织向网上的音乐下载、收听等服务供应方(以下简称网上音乐服务方)提供多地区许可的集体管理(以下简称多地区许可)时，应遵守本法第 72^{21} 条至第 72^{26} 条的规定。

2. 如果集体管理组织自行实施本节规定的集体管理工作，则集体管理组织的管理或监督工作适用本节的相应规定。

3. 集体管理组织遵守《欧盟运行条约》第 101 条和第 102 条规定的竞争规则的前提下，为转播组织提供网上音乐作品使用许可的，不适用本法第 72^{21} 条至第 72^{26} 条的规定。

第 72^{21} 条　提供多地区许可的集体管理组织的要求

1. 提供多地区许可的集体管理组织应有能力履行以下职能：

1) 以电子形式有效且透明地处理多地区许可管理资料，包括音乐作品的多地区许可集体管理和监督；

2)以电子形式向网上音乐服务方出具音乐作品使用账单;

3)收集和分配音乐作品使用费。

2. 集体管理组织履行本条第1款规定的职责时,应当:

1)尽可能准确地确定权利人音乐作品或其组成部分;

2)尽可能准确地确定所代理的权利人的每个音乐作品、组成部分和有效地区等权利;

3)采用国际音乐作品数据库中的音乐作品及权利人的数字识别码;

4)采取及时有效的措施以确定并排除提供多地区许可的其他集体管理组织的不准确数据。

第72[22]条　基于多地区许可提供音乐作品信息的透明性和准确性

1. 集体管理组织可多地区许可的,应制定多地区音乐作品信息的收集、核对和许可规则(以下简称多地区音乐作品信息规则),并基于网上音乐服务方、权利人或其他集体管理组织的合理请求,根据上述规则提供最新信息以确定多地区许可的音乐作品,包括:

1)多地区许可的音乐作品;

2)音乐作品或其组成部分的管理权;

3)音乐作品管理权的有效地区。

2. 为保护本条第1款规定的信息的准确性和完整性,以及使用过程中的监督及信息保密,集体管理组织可采用技术手段或其他合理措施。

3. 权利人、其他集体管理组织和网上音乐服务方可根据多地区音乐作品信息规则,要求集体管理组织纠正本条第1款规定的信息和第72[21]条第2款规定的资料。权利人、其他集体管理组织和网上音乐服务方的请求应随附证据,证明与其权利相关的网上音乐作品的信息不准确。集体管理组织在收到合理请求后,应立即更正资料或信息。

4. 集体管理组织应以电子形式向多地区音乐作品的权利人提交有关音乐作品、许可权及许可地区的信息。

5. 集体管理组织代理协议未另行约定的,集体管理组织根据本法第72[25]条和第72[26]条的规定和代理协议管理权利及提供多地区许可时,适用本条第4款的规定。

第72[23]条　集体管理组织与网上音乐服务方的关系

1. 集体管理组织应根据许可协议规定的使用方式和条款,监督网上音乐服务方使用音乐作品。

2. 网上音乐服务方应向集体管理组织提供网上使用音乐作

品的准确信息。集体管理组织应确保网上音乐服务方可以电子形式提供上述信息。

3. 集体管理组织以电子形式向网上音乐服务方发送账单。基于本法第72[21]条第2款的规定,账单中应注明多地区许可作品或其组成部分、使用权利以及实际使用的信息。

4. 集体管理组织应立即(自网上音乐服务方提交音乐作品的实际使用信息之日起5个工作日内)向网上音乐服务方提供准确的账单,但因网上音乐服务方原因无法提供账单的情形除外。

5. 网上音乐服务方可根据集体管理组织的规则要求更正账单,包括网上音乐服务方从一个或多个集体管理组织就使用同一音乐作品收到账单的情形。

第72[24]条　多地区许可的集体管理收入分配

1. 网上音乐服务方通知音乐作品实际使用信息后,集体管理组织应立即(6个月内)分配多地区许可的集体管理收入。集体管理组织向权利人的付款应尽可能准确和合理,应参考音乐作品在网上的实际使用情况,但因网上音乐服务方自身原因导致集体管理组织无法获得上述信息的情形除外。

2. 集体管理组织履行本条第1款规定的付款义务时,应向权利人提供如下信息:

1)付款所对应的音乐作品使用时间;

2)集体管理组织收集的音乐作品网上使用费;

3)集体管理组织扣除的费用。

3. 如果集体管理组织根据本法第 72^{25} 条和第 72^{26} 条将多地区许可授权给其他集体管理组织,则被授权的集体管理组织自网上音乐服务方提交音乐作品实际使用信息后 6 个月内应分配本条第 1 款规定的集体管理收入,以及提供本条第 2 款规定的信息,但因网上音乐服务方自身原因导致被授权集体管理组织无法获得上述信息的情形除外。集体管理组织代理协议未另行约定的,集体管理组织负责进一步分配集体管理收入,以及向权利人提供本条第 2 款规定的信息。

第 72^{25} 条 多地区许可的集体管理代理协议

1. 多地区许可的集体管理代理协议应为排他性授权。被授权的集体管理组织行使权利和进行多地区许可时,应遵守不歧视原则。

2. 集体管理代理协议应包含如下条款:

1)允许在网上多地区许可音乐作品的基本条件(网上使用音乐作品的方式、报酬费率、许可有效期限以及有效地区);

2)代理服务价格的相关条款(集体管理费用,以及其他可扣除音乐作品使用费的条款)；

3)代理协议有效期限。

3. 集体管理组织的成员有权了解本条第 2 款规定的代理协议条款。

第 72[26]条　代表其他集体管理组织提供多地区许可的义务

1. 集体管理组织不向使用人提供音乐作品多地区许可的,应请求与可提供多地区许可的其他集体管理组织订立集体管理代理协议。如果被请求的集体管理组织提供相同类别音乐作品的多地区许可,则必须接受此类请求。

2. 被请求的集体管理组织无正当理由的,应立即(自收到订立集体管理代理协议的请求之日起 1 个月内)书面答复发出请求的集体管理组织。

3. 根据本条第 4 款和第 5 款的规定,被请求的集体管理组织管理发出请求的集体管理组织的音乐作品时,应适用其内部的管理条款。

4. 被请求的集体管理组织应将发出请求的集体管理组织的音乐作品推荐给网上音乐服务方。

5. 被请求的集体管理组织向发出请求的集体管理组织提供服务时,管理费用不应超过被请求的集体管理组织的管理成本。

6. 发出请求的集体管理组织应将需要多地区许可的音乐作品信息提供给被请求的集体管理组织。信息不充分或者信息形式不允许被请求的集体管理组织履行本节规定的，被请求的集体管理组织有权就执行这些要求收取费用，或者以信息不充分或不正确为由拒绝管理这些音乐作品。

第七节　集体管理组织工作的保证措施及国家监督

第72[27]条　集体管理组织的申诉审理规则

1. 集体管理组织应制定快速、有效的申诉审理规则，让组织成员、权利人和被代理的集体管理组织可以就管理许可、取消许可、撤销许可、加入条件、权利人收入分配、集体管理扣款及其他集体管理问题提出申诉。

2. 集体管理组织应以书面形式答复申诉。集体管理组织以缺乏依据为由驳回申诉的，应说明原因。

3. 集体管理组织以缺乏依据为由驳回申诉的决定不妨碍申诉人的诉讼权。

第72[28]条　集体管理组织的国家监督

1. 政府授权机构实施集体管理组织的国家监督。

2. 政府授权机构监督集体管理组织时,履行如下职能:

1)制定、定期更新和发布立陶宛境内集体管理组织(包括第三国集体管理组织驻立陶宛办事处和代表处)和其他成员国在立陶宛境内实施集体管理的集体管理组织的清单,以及提供多地区许可的集体管理组织清单(以下简称集体管理组织清单)。政府授权机构向欧洲委员会定期更新立陶宛境内设集体管理组织的信息。

2)监督立陶宛境内的集体管理组织(包括第三国集体管理组织驻立陶宛办事处和代表处)、其他成员国在立陶宛境内实施集体管理的集体管理组织,采取本条第 6 款和第 7 款规定的措施以确保集体管理组织工作的合法性和透明性。

3)组织和督促本法第 72^{30} 条规定的集体管理争端诉前解决和调解。

4)组织权利人、集体管理组织、使用人、消费者和其他利益方代表拟定立陶宛境内多地区许可信息,定期向欧洲委员会提供这些信息。

5)调查、研究和发布本条第 2 款第 4 项规定的信息,以及多地区许可的条件和发展情况。

6)向欧洲委员会提交多地区许可及发展的报告,包括立陶宛境内的多地区许可情况,以及使用人、消费者、权利人和其他利益方对多地区许可的评估。

7)参加欧洲委员会的集体管理专家组(以下简称专家组)。

3. 有违反本法规定的集体管理要求的,集体管理组织成员、权利人、使用人、集体管理组织和其他利益方可以向政府授权机构汇报。政府授权机构根据《公共管理法》的规定审理上述主体的请求、通知和申诉。

4. 政府授权机构履行本条第2款规定的职责时,为确保集体管理组织工作的合法性和透明性,有权获得集体管理组织、使用人、政府机构、地方政府机构、企业、组织的信息。

5. 政府授权机构收到本条第3款规定的违法通知后,可以检查集体管理组织。

6. 立陶宛境内的集体管理组织(包括第三国集体管理组织驻立陶宛办事处和代表处)未遵守本法规定的,政府授权机构可采取措施:

1)责令集体管理组织限期停止违法行为,并向政府授权机构通知所采取的措施;

2)集体管理组织不履行本款第1项规定的,向法院申请临时措施(停止集体管理组织的工作直到消除违法行为);

3)公布集体管理组织被停止工作的信息。

7. 政府授权机构认为其他成员国集体管理组织在立陶宛境

内实施集体管理时未遵守母国法律规定的,可通知该成员国的职能机构。

8. 政府授权机构应立即(自收到请求之日起 3 个月内)答复其他成员国职能机构的问题,包括立陶宛境内集体管理组织的集体管理、多地区许可情况。

9. 政府授权机构可将本条第 7 款规定的问题提交至本条第 2 款第 7 项规定的专家组审议。

10. 政府授权机构在实施集体管理监督职能时,应确保集体管理主体及其他主体的信息安全,法律允许时才能向其他主体披露信息。

第 72[29] 条　争端解决

法院对集体管理组织与使用人之间因许可条款、许可协议违约产生的争端,以及因本法规定产生的争端有管辖权。

第 72[30] 条　诉前争端解决和调解

1. 集体管理组织、成员、权利人或使用人因本法规定产生的争端,包括本条第 2 款规定的多地区许可争端,应交由立陶宛著作权和邻接权委员会(以下简称委员会)审理。

2. 委员会审理立陶宛境内集体管理组织与下述主体之间的

多地区许可争端：

1）与实际或潜在的网上音乐服务方之间的争端（本法第 72^{12} 条、第 72^{22} 条和第 72^{23} 条的规定）；

2）与权利人之间的争端（本法第 72^{22} 条至第 72^{26} 条的规定）；

3）与其他集体管理组织之间的争端（本法第 72^{22} 条至第 72^{26} 条的规定）。

3. 委员会履行如下职责：

1）根据政府授权机构的要求，审理集体管理的国家监督事宜（本法第 72^{28} 条第 6 款、第 7 款和第 8 款），向政府授权机构提交结论和建议；

2）根据政府授权机构的请求，就本法第 16 条第 3 款规定的图书馆使用书籍的补偿性报酬金额与付款事宜提出建议；

3）根据集体管理组织或使用人的请求，参与双方的协商（表演者和唱片制作人的报酬金额和支付条款）；

4）根据集体管理组织和使用人的请求，参与个人或集体许可协议的协商（本法第 72^{12} 条第 5 款）；

5）根据本法第 72^{13} 条第 3 款的规定，参与作品和邻接权转播及报酬费率的协商；

6）根据本法第 75 条第 4 款规定的条件，参与争端解决（本法第 75 条第 1 款规定的技术保护措施的限制）。

4. 委员会根据政府授权机构制定的集体管理争端诉前解决规则审理本条第1款和第2款规定的争端。委员会根据政府授权机构制定的调解规则履行本条第3款第3项至第6项规定的调解职能。上述规则中的争端解决和调解程序必须快速、独立和中立。自第一次争端解决或调解之日起,争端解决或调解不能超过30个工作日。委员会成员签署中立宣言后才能参加争端解决或调解程序。

5. 委员会由7位成员组成,任期2年,根据《公共采购法》向成员支付费用。委员会成员必须是个人,且具备法律或其他(社会学或人类学)高等学历,以及在著作权和邻接权领域具有不少于3年的工作、顾问或教学经验,或者在争议解决和调解领域有不少于3年的工作经验。

6. 委员会没有法人资格。政府授权机构制定委员会的规则、组织结构和工作条例,并且负责委员会的组织工作和技术服务。委员会成员与政府授权机构订立服务协议,由国家财政支付服务费。

7. 委员会的决定不排除争端或调解各方向法院起诉的权利。

第72[31]条　个人数据保护

1. 集体管理主体在处理个人数据时,应遵守《个人数据保护法》和本节的规定。

2. 集体管理组织在确定权利人身份或住址时,有权根据国家注册和信息系统及个人数据保护类法律的规定,从国家注册和信息系统获得必要的个人数据。

第六章　维护著作权、邻接权和特殊权

第 73 条　侵犯著作权、邻接权和特殊权

侵犯著作权、邻接权或特殊权是指侵犯本法和其他法律保护的著作权、邻接权或特殊权。

第 74 条　技术保护措施

1. 著作权、邻接权和特殊权主体实现或保护本法规定的权利时,可以通过技术保护措施(任何技术或设备)禁止或限制未经许可使用而行使上述权利的行为。

2. 如果著作权、邻接权或特殊权主体通过技术保护措施可以控制和保护(加密或转化权利的其他方法)权利,则视为有效的技术保护措施。

3. 故意排除或避免著作权、邻接权或特殊权主体设置的技术保护措施的,是侵犯技术保护措施的行为。

4. 下列行为侵犯技术保护措施：

1）排除或避开技术保护措施，排除技术保护措施对权利使用（复制、进口、推广、出售、租赁、出售广告或其他商业目的）的限制；

2）为排除或避开技术保护措施的行为提供服务。

5. 如果出于履行本法第 30 条第 2 款和第 31 条规定的目的，则完善或使用任何排除或避开技术保护措施时，不适用本条第 3 款和第 4 款。

6. 对于本法第 75 条的规定，著作权、邻接权和特殊权主体自愿决定是否适用本条第 3 款和第 4 款。

第 75 条　限制适用技术保护措施

1. 权利使用者有条件或有相应措施（如解码设备等）合法使用权利（本法第 20 条第 1 款，第 20^{1} 条第 1 款，第 22 条第 1 款第 1 项，第 25 条，第 27 条，第 29 条第 1 款第 2 项，第 58 条第 1 款第 4 项、第 5 项、第 7 项、第 8 项、第 9 项，第 58 条第 2 款，第 63 条第 1 款）的，著作权、邻接权和特殊权主体不得针对权利使用者采用保护措施或阻碍其合法使用权利。

2. 如果依照协议条款在计算机网络（互联网）上提供对话服务时，公众可以在选定的时间和地点了解作品、邻接权和特殊权，本条第1款不适用于上述权利。

3. 如果著作权、邻接权和特殊权主体希望采取措施来保证实施本条第1款的规定，则必须向政府授权机构提交采取措施的信息，以及有关权利主体、权利使用者和其他利益相关人谈判的信息。政府授权机构有权派遣代表参加谈判。

4. 如果著作权、邻接权和特殊权主体拒绝采取措施（不提供解码设备，不与权利使用者订立协议等）排除本条第1款规定的限制，则权利使用者有权要求委员会担任争端中间人。中间人提供建议，帮助各方达成协议。如果中间人提供建议之日起1个月内谈判各方未向中间人提出书面反对意见，则视为谈判各方采纳中间人的意见。如果谈判各方未采纳中间人的意见，则争端交由维尔纽斯地区法院裁决。

第76条　侵犯有关权利管理的信息

未经权利主体的许可销毁或修改权利管理信息，以及故意教唆、允许或隐瞒权利管理、推广、转播、公布的信息，为侵犯有关权利管理的信息的行为。

第77条　维权方式

1. 著作权、邻接权和特殊权主体维权时，有权向法院要求：

1)权利认定。

2)终止非法行为。

3)禁止侵权行为或造成损失的行为。

4)恢复精神性权利(要求改正、在媒体上公布侵权行为等)。

5)追讨使用行为的非法所得。

6)赔偿经济性损失,包括未得收入和必要支出。如果存在本法第80条规定的情况,则赔偿精神性权利的损失。

7)支付赔偿金。

8)适用法律规定的其他维权方式。

2.如果法院要求,则非法复制或传播作品或其他权利的侵权人必须提供来源信息,尤其是制造商、供应商和客户的名称(姓名)、地址、供应渠道信息,以及制造、获得或订购非法副本的数量。

3.著作权与邻接权主体维权时,有权要求法院禁止中间人在计算机网络上向第三方提供侵犯著作权或邻接权的服务。如果中间人在技术上可以排除侵权信息或者禁止他人接触侵权信息,则禁止令可以包括终止传播侵权信息。执行法院的这类判决并不免除中间人在判决生效前持有或传播这些信息的责任(作为和不作为)。

第78条　禁止令和强制令

1. 著作权、邻接权和特殊权主体(本条简称权利主体)在维权时,有权向法院申请禁止著作权、邻接权和特殊权侵权人以电子通信方式向中间人提供服务。禁止令包括终止转交著作权、邻接权和特殊权的信息,以及清理或销毁侵权信息。本款规定的中间人是指个人或法人,包括立陶宛境内注册的,提供电子通信网络服务的外国法人的分支机构或代表处。

2. 权利人、授权人或集体管理组织(无权利人的单独授权)维权时,针对网络服务方非法公布作品、邻接权或特殊权的情形,有权向立陶宛广播电视委员会申请强制令。本款规定的网络服务方是指个人或法人,包括立陶宛境内注册的外国网络服务方的分支机构或代表处(本条简称网络服务方)。

3. 立陶宛广播电视委员会执行本条第2款的规定时,有权向网络服务方发出强制令,禁止非法公布著作权内容、屏蔽网络域名和网站,直至侵犯著作权行为停止。

4. 如果权利人、授权人或集体管理组织已采用了非司法措施以阻止公布著作权,则立陶宛广播电视委员会可向本条第2款规定的网络服务方发出本条第3款规定的强制令。立陶宛广播电视委员会发现未用尽非司法措施的,可建议权利人、授权人或集体管理组织采取相关非司法措施。

5. 权利人、授权人或集体管理组织向立陶宛广播电视委员会申请强制令时，应提交（事实）证据。立陶宛广播电视委员会制定此类申请的格式、内容和受理规则。

6. 立陶宛广播电视委员会根据本法第 6 条第 2 款和第 51 条第 3 款审理申请并通过决定时，应考虑以下情况：

1）网上（网站上）非法发布受保护的著作权内容；

2）网上（网站上）直接或间接非法发布、发送、复制或使用受保护的著作权内容；

3）网络（网站）管理人收到权利人、授权人或集体管理组织的申请后，未采取措施消除非法发布的受保护著作权内容。

7. 立陶宛广播电视委员会审理权利人、授权人或集体管理组织的强制令申请时，有权：

1）要求申请人就强制令的适用进行解释和提供证明材料；

2）采取措施以核查具体的受保护著作权内容是否已经被发布；

3）检查和（或）确定网上（网站）披露的信息；

4）为评估本条第 6 款规定的标准而实施的其他调查工作。

8. 立陶宛广播电视委员会自收到权利人、授权人或集体管理组织的申请和全部文件后，在 14 日内根据《公众信息法》第 47 条第 12 款、第 13 款和第 14 款的规定通过决定，维尔纽斯地区行政法院执行该决定。申请执行立陶宛广播电视委员会决定时，应提交（事实）证据和法律依据，并且注明网站域名和应实施的事项（强制令）。

9. 维尔纽斯地区法院受理立陶宛广播电视委员会的申请后，在3日内决定实施该申请（强制令）或者驳回申请。如果立陶宛广播电视委员会对法院驳回申请的决定有异议，则有权在7个工作日内向立陶宛最高行政法院提起上诉。立陶宛最高行政法院收到上诉后，应在7日内进行审理。

10. 网站消除著作权内容违约行为并通知立陶宛广播电视委员会后，可在5个工作日内重新开启网站域名。

11. 政府或其授权机构制定网络服务方强制令规则。

第79条　信息权

1. 法院审理侵权案件时，可基于原告的申请，要求他人提交有关侵权作品、产品、服务来源和获得方式的信息，尤其是：

1）作品、产品（服务）制造方、推广方、供应方、管理方、批发和零售方的名字（名称）及地址；

2）作品、产品或服务的数量及价格数据；

3）已使用的作品及邻接权或特殊权的资料，以及使用范围、次数、时间、所获收益和可用于计算报酬的其他资料。

2. 上述信息的提交不得侵犯个人、家庭成员、亲属和其他人的信息保护权。

第 80 条　证据

1. 根据一方提交的证据和申请，法院在保证保密信息安全的前提下，可根据《民事诉讼法》的相关规则要求另一方提交证据。

2. 如果本法规定的违约行为是基于商业目的，而且存在本条第 1 款规定的条件，则法院在保证保密信息安全的前提下，可根据《民事诉讼法》的规定要求另一方提供银行、财务或商务文件。

第 81 条　临时保护和证据保全措施

1. 如果有充足的信息显示著作权、邻接权或特殊权侵权行为，为阻止不法行为，保证法院判决的执行，法院可以根据《民事诉讼法》的规定采取下列临时措施：

1）禁止侵犯受本法保护的权利；

2）要求临时中止侵犯受本法保护的权利；

3）如果中间人向第三方提供的服务侵犯本法规定的权利，则禁止中间人向第三方提供该服务；

4）没收、禁止侵权作品和产品进入市场，或者没收市场上流通的侵权作品和产品；

5)冻结侵权嫌疑人的财产,包括银行账户;

6)采用《民事诉讼法》规定的其他措施。

2. 如果本条第1款第1项和第2项的临时措施未被执行,或者侵权行为仍然继续存在,法院可以责令侵权嫌疑人向临时措施申请人适当地赔偿损失。

3. 为执行临时措施,法院可根据利益相关方的请求责令职能机构提供银行、财务或商业文件。

4. 法院有权责令临时措施申请人提交证据以证明采取临时措施的必要性。

5. 法院基于申请人提交的侵权证据,可对侵权嫌疑人采取证据保全措施,包括:

1)对侵权作品和产品的详细情况进行保全;

2)扣押侵权作品、产品、原材料、工具和相关文件;

3)采取《民事诉讼法》规定的其他临时措施。

6. 如果侵权行为会对著作权或其他权利主体造成不可挽回的损失或导致证据被销毁,法院可根据《民事诉讼法》的规定,单方面直接采取临时措施和证据保全措施。法院不通知被告就采取这些措施的,应在采取措施后立即通知被告。被告请求的,法院可根据《民事诉讼法》的规定撤销或变更临时措施和证据保全措施。

7. 如果因为申请人原因(作为或不作为)导致法院判决侵权不成立,或者申请人在法院规定的期限内未提起侵权之诉,则法院可取消临时措施或证据保全措施,被告有权向申请人索赔由此遭受的损失。

8. 对于临时保护措施和证据保全措施的其他问题,如果本条未作规定,则适用《民事诉讼法》的规定。

第 82 条　复原措施

1. 为避免权利人遭受损失,本法第 77 条第 1 款规定的主体有权请求法院从市场上召回或没收作品和产品,以及销毁侵权产品、实施侵权行为所需的工具和设备。

2. 法院在采取本条第 1 款规定的措施时,无须考虑申请人的侵权赔偿要求。复原措施是无偿的,相关费用从侵权人的收益中扣除。

3. 本条第 1 款规定的措施适用于无过失的侵权行为时,法院根据被采取措施人的请求,在被侵权人同意的情况下,可以采取本法第 77 条第 3 款规定的替代性措施。

第 83 条　经济性损失的赔偿

1.《民法典》和本法规定支付经济性损失的规则。

2. 法院确定损失时参考侵权实质、损失严重性、未得收入、必要支出、非法行为的获利等情况。著作权、邻接权或特殊权权利人要求的，法院可将作品或其他权利的非法副本转交给上述权利人。侵权人获得收益的，本法第77条第1款规定的主体可要求确认损失。作者、邻接权或特殊权权利人可要求转交违法作品。

3. 法院确定著作权、邻接权或特殊权权利人未得收入时，参考合法使用的收入（合法使用相同作品或其他权利所应支付的报酬金额，合法使用类似作品或其他权利所应支付的报酬金额，合法使用最相近作品或其他权利所应支付的报酬金额）和实现收入的客观情况（权利人付出的劳动、使用的设备、订立作品使用协议的谈判等）。

4. 侵犯本法保护的权利并出现实际损害（损失）的，本法第77条第1款规定的主体可要求：

1）根据侵权人行为、经济情况、非法行为的原因、对案件有影响的其他情况，以及诚实、公平和合理标准，确定赔偿金额。赔偿金额不超过最低生活费的1000倍。

2）如果侵权人可以合法地使用作品或本法保护的其他权利（已获得许可），但侵权人的侵权行为属于故意或严重过失，则赔偿金额为本款第1项赔偿金额的2倍。

5. 侵权人实施侵权行为时不知道或无法得知其侵犯本法保护的权利（侵权人无过错），法院根据著作权、邻接权或特殊权权利人的要求，可要求侵权人归还侵权收益。法院在追讨侵权人的侵权收益时，不考虑权利人在正常行使权利的情况下能否获得该收益，但权利人必须举证证明侵权人的侵权总收益，侵权人必须举证证明侵权净收益（扣除开支后的收益）。

第84条　赔偿精神性权利的损失

如果侵犯本法第14条和第52条规定的精神性权利，则必须赔偿损失。法院根据《民法典》的规定确定损失金额。

第85条　法院判决的公布

法院根据本法第77条第1款规定的主体的申请就侵权作出判决后，可责令侵权人自费公布判决信息。法院未另行要求的，判决生效后应予以公布。法院在判决中规定公布的方式和数量。著作权、邻接权或特殊权权利人可要求侵权人预先向法院支付公布判决所需的费用。

第86条　集体管理组织的诉讼

1. 集体管理组织无须权利人的单独授权就可向法院提起集体管理权利和邻接权的诉讼，要求未经集体管理组织许可就使用作品或邻接权的主体，以及获得许可但未付款的主体支付收益。

2. 集体管理组织根据报酬费率确定追讨金额或诉讼金额。对于使用已发布的作品和邻接权，如果随后认定违法使用作品或邻接权，但无法举证使用时间的，则视为至少使用了 1 个月。

3. 法院判定作品或邻接权未经集体管理组织许可就被使用的，使用人支付双倍使用费作为赔偿。

4. 集体管理组织追讨成功后，向权利人分配和支付所获款项。

第 87 条　行政责任与刑事责任

《行政法》和《刑法典》确定侵犯著作权、邻接权和特殊权时的行政责任与刑事责任。

第 88 条　适用海关监管措施

可以对向立陶宛进口或从立陶宛出口的非法作品副本、计算机软件、视听作品（电影）记录和唱片副本适用欧盟和立陶宛法律规定的海关监管措施。

第七章　未确定权利人的作品及其使用条件

第 89 条　适用未确定权利人的作品和唱片的使用条件

1. 立陶宛、其他欧盟成员国或欧洲经济区国家境内（以下简称成员国）未确定权利人的作品使用条件适用于首次发布的作品和唱片，或者未发布但在立陶宛或其他成员国境内首次转播的作品和唱片，包括：

1）立陶宛境内图书馆、博物馆、档案馆、电影院和（或）教育机构、科研机构（以下简称文化、教育和科研机构）收集的书籍、报纸、杂志或其他书面形式的作品；

2）文化、教育和科研机构收集的视听作品和唱片；

3）立陶宛公共转播组织—立陶宛广播电视机构（以下简称公共转播方）保存的，2002 年 12 月 31 日前立陶宛和其他成员国公共转播组织制作的视听作品和唱片。

2. 未确定权利人的作品使用条件也适用于：

1）本条第 1 款规定的未发布或未转播的作品和唱片，但立陶宛或其他成员国的文化、教育和科研机构或公共转播组织允许使用这些作品和唱片，而且可以认为权利人不反对本法第 94 条规定的此类作品和唱片的使用方式和条件；

2）构成本条第 1 款和本款第 1 项规定的作品或唱片的组成部分的作品（图片、图纸、地图等）和其他受保护的权利。

第 90 条　未确定权利人的作品的认定条件

1. 寻找作品或唱片的权利人且根据本法第 93 条登记检索结

果后，根据本法第 92 条的规则被认定为未确定权利人的作品。

2. 如果作品或唱片有多个权利人且均未被确定为权利人，或者这些权利人中的 1 名或数名权利人被确定为权利人，但根据本法第 92 条的规定和根据本法第 93 条登记的检索结果，无法找到这些权利人，则可以根据本法第 94 条规定的使用方式和条件将这类作品或唱片认定为未确定权利人的作品。

3. 本条第 2 款的规定不限制权利人的作品著作权或唱片邻接权。

4. 有以下情形的，不能假设作品或唱片是未确定权利人的作品：

1）根据本法第 14 条第 1 款第 2 项规定的作者署名权，已发表或转播的作品中未注明作者的名字或笔名；

2）根据本法第 51 条第 2 款规定的邻接权信息，以及第 52 条第 1 款规定的表演者精神权，已发表或转播的唱片中未注明唱片制作方和（或）表演者的名字。

第 91 条　未确定权利人的作品的使用人

1. 本法第 89 条第 1 款规定的文化、教育和科研机构，以及公共转播方（以下简称未确定权利人作品的使用人）履行自身职责时，可基于文化传播、遗产保护、教育、科研的目的，非商业性地使用未确定权利人的作品。

2. 未确定权利人作品的使用人实施本条第1款规定的目的时,有权根据本法的规定与其他主体订立合作、合伙、服务及其他协议。

3. 与未确定权利人作品的使用人订立本条第2款规定的协议的,该类协议的主体无权自行使用未确定权利人的作品,无权控制这些作品的使用。

第92条　权利人检索条件和规则

1. 未确定权利人作品的使用人在使用作品前,应进行权利人检索,包括检索每个具体类别的作品和唱片,询问相关权利人和未确定权利人作品使用人协会。作品或唱片的著作权或邻接权有效期终止前,使用人应保存检索文件。

2. 成员国境内进行的权利人检索:

1)作品或唱片在该成员国境内首次发表,或者未发表但首次转播;

2)视听作品制作方在该成员国境内有办公地址或常住地址;

3)成员国境内有文化、教育或科研机构,或者公共转播组织,而且经权利人的许可,这些机构和组织有权公开未发表和(或)未转播的作品或唱片。

3. 如果有确切证据证明成员国境内没有权利人的信息,或者视听作品制作方在成员国境内没有办公地址或常住地址，则在其他国家进行检索。

4. 未确定权利人作品的使用人实施本条第1款、第2款和第3款规定的权利人检索时，有权根据法律的规定和协议约定交由他人实施检索。

第93条　权利人检索结果的登记，未确定权利人作品的认定

1. 如果未确定权利人作品的使用人实施权利人检索后确定作品或唱片属于未确定权利人的作品，则向立陶宛国家图书馆（以下简称责任机构）提交检索结果。责任机构负责收集权利人检索结果并将之登记在欧洲委员会内部市场协调局的数据库中（以下简称数据库）。

2. 本条第1款规定的数据库中登记如下数据：

1）责任机构（名称和联系信息）；

2）权利人检索结果（认定为未确定权利人的作品）；

3）未确定权利人作品的名称，没有名称的，注明简要介绍（纸质作品、视听作品或唱片）；

4）作者（共同作者）、表演者（表演者集体）、视听作品或唱片制作人、发行人（如果作品或唱片上显示该信息）；

5）未确定权利人作品的使用人（名称和联系信息）；

6)未确定权利人作品的使用方式;

7)撤销对未确定权利人作品的认定的信息。

3. 责任机构根据本条第 1 款和第 2 款的规定登记权利人检索结果后,作品或唱片属于未确定权利人的作品,在此种情形下,可根据本法第 94 条规定的方式和条件使用这些作品或唱片。

4. 立陶宛和其他成员国相互承认未确定权利人的作品,其他成员国认定为未确定权利人作品的,立陶宛也予以认可。使用人可依据本法第 94 条规定的方式和条件使用其他成员国的未确定权利人作品。

第 94 条　未确定权利人的作品的使用方式和条件

1. 未确定权利人作品的使用人有权采用如下方式:

1)以本法第 2 条第 1 款规定的方式进行复制;

2)在节目或网上发布,让公众可以自由地接触到作品[计算机网络(互联网)等]。

2. 未确定权利人作品的使用人采用本条第 1 款规定的方式时,为了弥补复制和发布的费用,可以获得收益。

3. 未确定权利人作品的使用人采用本条第 1 款规定的方式时,应注明作者和(或)表演者的名字、其他权利人的名字或名称。

第 95 条　撤销对未确定权利人作品的认定

1. 权利人向使用人申请撤销对未确定权利人作品的认定(以下简称申请书)。申请书应附带证明文件,证明作者对未确定权利人作品的著作权和(或)邻接权(作品委托协议、著作权或邻接权转让协议、出版协议、著作权或邻接权继承证明、集体管理组织证明及其他文件)。如果未确定权利人作品的使用人评估申请和文件后认为可以撤销对未确定权利人作品的认定,则根据本法第93 条第 1 款的规定向责任机构进行登记。权利人的文件副本由使用人保存至该作品或唱片著作权或邻接权有效期结束之日。

2. 未确定权利人作品的属性被撤销后,如果继续根据本法第94 条第 1 款规定的方式使用作品,则需要权利人或其授权代表的许可(以本法第 23 条和第 58 条第 1 款第 4 项规定的目的复制作品或唱片的情形除外)。

3. 本条第 1 款和第 2 款的规定也适用于本法第 90 条第 2 款规定的未确定权利人的作品或唱片。

第 96 条　撤销对未确定权利人作品的认定后获得补偿的权利

1. 根据本法第 95 条第 1 款的规定撤销对未确定权利人作品

的认定后,权利人有权就此类作品的使用向政府授权机构申请一次性补偿。政府授权机构根据未确定权利人作品使用专家委员会(以下简称专家委员会)的结论确定补偿金额。专家委员会由7位成员组成——立陶宛艺术家协会、集体管理组织和政府授权机构的代表,任期2年。

2. 使用未确定权利人作品的补偿不得超过最低生活标准的10倍。权利人合理地分享这个补偿。政府授权机构根据专家委员会结论确定补偿金额后,第二年的3月31日前向权利人支付这个补偿。政府授权机构规定补偿的支付条件和规则。

3. 使用未确定权利人作品的补偿由国家和地方政府财政承担。

附录:

执行的欧盟法律法规

1. 1993年9月27日委员会第93/83/EEB号《关于卫星广播与有线转播中版权与相邻权的指令》。

2. 1996年3月11日欧洲议会与委员会第96/9/EB号《关于数据库法律保护的指令》。

3. 2001 年 5 月 22 日欧洲议会与委员会第 2001/29 号《关于信息社会中版权与相邻权的指令》。

4. 2001 年 9 月 27 日欧洲议会与委员会第 2001/84/EB 号《关于原创艺术作品再销售的作者权益的指令》。

5. 2004 年 4 月 29 日欧洲议会与委员会第 2004/48/EB 号《关于知识产权保护的指令》。

6. 2006 年 12 月 12 日欧洲议会与委员会第 2006/115/EB 号《关于知识产权领域内出租权、使用权及相邻权等权利的指令》。

7. 2006 年 12 月 12 日欧洲议会与委员会第 2006/116/EB 号《关于著作权和某些相邻权保护期限的指令》。

8. 2009 年 4 月 23 日欧洲议会与委员会第 2009/24/EB 号《关于计算机软件权利保护的指令》。

9. 2011 年 9 月 27 日欧洲议会与委员会第 2011/77/ES 号《关于修改第 2006/116/EB 号指令的指令》。

10. 2012 年 10 月 25 日欧洲议会与委员会第 2012/28/ES 号《关于使用某些未确定权利人的作品的指令》。

11. 2014 年 2 月 26 日欧洲议会与委员会第 2014/26/ES 号《关于在内部市场的互联网上使用音乐作品的集体管理及多地区许可的指令》。

12. 2017 年 9 月 13 日欧洲议会与委员会第 2017/1564 号《关

于残障人士使用著作权和相邻权的指令》(修改第2001/29/ES号指令)。

13.2017年9月13日欧洲议会与委员会第2017/1563号《关于欧盟与第三国之间残障人士使用著作权和相邻权的指令》。

本法修订情况

1.2000年7月20日第Ⅷ-1886号《立陶宛著作权与邻接权法第73条的修订法案》。

2.2003年3月5日第Ⅸ-1355号《立陶宛著作权与邻接权法的修订法案》。

3.2006年10月12日第Ⅹ-855号《立陶宛著作权与邻接权法第2条、第4条、第11条、第12条、第14条、第15条、第16条、第17条、第22条、第38条、第40条、第42条、第43条、第44条、第45条、第46条、第47条、第51条、第53条、第54条、第56条、第57条、第61条、第65条、第72条、第六章的修订和增补法案》。

4.2008年3月13日第Ⅹ-1454号《立陶宛著作权与邻接权法第33条的修订法案》。

5.2010年1月19日第Ⅺ-656号《立陶宛著作权与邻接权

法第 17 条、第 71 条的修订法案》。

6. 2011 年 12 月 21 日第XI－1833 号《立陶宛著作权与邻接权法第 2 条、第 16 条、第 19 条、第 20 条、第 21 条、第 22 条、第 23 条、第 24 条、第 25 条、第 26 条、第 28 条、第 33 条、第 39 条、第 58 条、第 75 条的修订和增补法案》。

7. 2014 年 5 月 15 日第XII－888 号《立陶宛著作权与邻接权法第 35 条、第 59 条的修订法案》。

8. 2014 年 10 月 7 日第XII－1183 号《立陶宛著作权与邻接权法第 17 条的修订法案》。

9. 2014 年 12 月 16 日第XII－1460 号《立陶宛著作权与邻接权法第 2 条、第 17 条、第七章的修订和增补法案》。

10. 2015 年 12 月 22 日第XII－2237 号《立陶宛著作权与邻接权法的修订法案》。

11. 2015 年 12 月 22 日第XII－2238 号《立陶宛著作权与邻接权法第 20^{1} 条的修订法案》。

12. 2016 年 9 月 20 日第XII－2617 号《立陶宛著作权与邻接权法第 87 条的修订法案》。

13. 2016 年 11 月 3 日第XII－2708 号《立陶宛著作权与邻接权法第 2 条、第 11 条、第 15 条、第 16 条、第 17 条、第 20 条、第 20^{1} 条、第 40 条、第 53 条、第 55 条、第 58 条、第 59^{2} 条、第 75 条、

第 77 条、第 86 条、第 95 条、第 96 条、第五章的修订法案》。

14.2017 年 6 月 29 日第XIII－552 号《立陶宛著作权与邻接权法第 15 条、第 53 条、第 54 条、第 56 条、第 57 条和第 61 条的修订法案》。

15.2018 年 11 月 8 日第XIII－1612 号《立陶宛著作权与邻接权法第 20 条、第 20^{1} 条、第 65 条、第 78 条的修订法案》。

16.2018 年 12 月 20 日第XIII－1840 号《立陶宛著作权与邻接权法第 2 条、第 20 条、第 20^{1} 条、第 25 条、第 31 条、第 32 条、第 63 条、第 75 条的修订法案》。

立陶宛专利法

1994 年 1 月 18 日第 I－372 号

维尔纽斯

第一章　总　　则

第 1 条　立法目的与适用范围

1. 本法认定发明为工业产权，规制发明所产生的权利与义务，为发明提供法律保护。

2. 本法适用于已提交专利申请的发明、已授予专利权的发明和相关的其他事项。

3. 本法的规定符合附件中的欧盟法案。

第2条 定义

1. **欧洲专利的效力**——2012年12月17日欧洲议会与委员会(ES)第1257/2012号《关于实施统一专利保护的条例》规定的欧洲专利的效力。

2. **生物原料**——含有基因信息的材料。

3. **欧洲专利**——根据《欧洲专利公约》授予专利权的发明。

4. **欧洲专利申请**——根据《欧洲专利公约》提交的欧洲专利申请、选择欧洲专利局的国际专利申请或选择欧洲专利局并且指定立陶宛的国际专利申请。

5. **《欧洲专利公约》**——2000年11月29日在慕尼黑签署的《欧洲专利公约》。

6. **独占性专利许可**——许可人授予被许可人独占性专利许可后,许可人和其他人不能使用该专利。

7. **扩展欧洲专利**——申请欧洲专利时,要求扩展到立陶宛。

8. **发明人**——创造发明的个人。

9. **微生物方式**——微生物物质参与、构成或者相互作用的方式。

10. **非独占性专利许可**——许可人授予被许可人非独占性专

利许可后，许可人仍然有权使用该专利，可以许可其他主体使用该专利。

11. **申请人**——提交专利申请的个人或者集体。

12. **《巴黎公约》**——1883 年 3 月 20 日签署的《巴黎工业产权保护公约》，于 1967 年 7 月 14 日和 1979 年 9 月 28 日修订。

13. **《专利合作条约》**——1970 年 6 月 19 日在华盛顿签署，于 1979 年 9 月 28 日和 1984 年 2 月 3 日修订。

14. (已失效)。

15. **专利许可**——许可人、申请人或专利权人许可他人根据许可协议规定的条件使用已公布专利申请、已授予专利的发明。许可可以是独占性许可和非独占性许可。

16. **专利申请书**——为获得专利向立陶宛国家专利局(以下简称国家专利局)提交的本法规定的文件和资料。

17. **专利权人**——根据本法的规定在立陶宛境内被授予专利权的人。

18. **专利再许可**——被许可人依据《再许可协议》的条款，允许其他主体使用已公布的专利申请或者已经授予的专利。

19. **提交专利申请书、审查和授予专利的规则**(以下简称**规则**)——国家专利局规定的提交专利申请书、审查和授予专利的规则。

20. **国际展会**——官方国际展会或者根据1928年11月22日的《国际展会公约》(1948年5月10日、1966年11月16日、1972年11月30日、1982年6月24日和1988年5月31日修订)被官方认可的国际展会。

21. **国际专利申请书**——根据《专利合作协议》提交的专利申请书。

第二章 发明保护

第3条 发明的法律保护形式

国家专利局根据本法以授予专利权的方式保护发明。

第4条 可授予专利权的发明

1. 如果发明具有新颖性、实用性和创造性，则任何技术领域的发明均可被授予专利权。

2. 下列各项不属于发明：

1)发现、科学理论和数学理论。

2)产品外观。

3)游戏规则与方式，商业计划、规则与方式，计算机程序。

4)信息交换方式。

5) 自然环境下存在的人体或者其器官，包括基因链或其组成部分，以及人体器官的形成和发展的所有阶段。采用技术手段获得的人体、人体器官、基因链或者其组成部分除外。

第5条　例外

1. 下列情况下不授予专利权：

1) 适用于人或动物的治疗或手术方法、疾病诊断和预防方法。上述方法所使用的设备、材料或者合成物除外。

2) 植物或动物种类、培养方法。此规定不适用于植物或动物的微生物生产方法和通过此类方法获得的产品，以及发明不会限制植物或动物种类。

3) 发明的商业应用损害道德、公众利益和人道主义原则。不能仅因为法律法规禁止使用某项发明，就拒绝注册。

2. 本条第1款第3项规定的不予注册专利的其他依据：

1) 用于克隆目的；

2) 用于改变人类生殖细胞基因；

3) 将人类胎儿用于工业或商业目的；

4) 用于改变动物的基因信息，而且在医学上这种改变不会给人类或动物带来益处。

3. 如果发明的内容由生物材料构成、含有生物材料、获取生物材料的方法、生产生物材料的方法或使用生物材料的方法，则发明可以被注册为专利。即使已经存在于自然界，但从自然环境中分离出来的或者技术生产中获取的生物材料也可以被视为发明。

4. 如果发明的内容是方法，则采用此方法生产的产品也受法律保护。

第6条 发明的新颖性

1. 如果发明是未知技术，则具有新颖性。

2. 技术是指截至提交专利申请之日已经存在的技术、截至提出优先权时已经公开的技术、在立陶宛境内和国际上已经存在并被使用的技术。

3. 即便发明是未知技术，但如果较早的专利申请中含有该未知技术，而且立陶宛国家专利局已经公开该专利申请，或者较早的欧洲专利申请中含有该未知技术，而且根据本法第78条第2款提交了翻译材料，则该发明不具有新颖性。

4. 如果采用本法第5条第1款第1项的方法使用材料或材料组合是未知技术，则本条第2款和第3款的规定不影响材料或材料组合注册专利。

5. 如果采用本法第5条第1款第1项的方法申请专利，则本条第2款和第3款的规定不影响使用本条第4款规定的材料或材料组合。

第7条　创造性

1. 如果相关领域的技术人员不了解发明所包含的技术，则该发明具有创造性。

2. 认定是否具有创造性时，不参考本法第6条第3款规定的内容。

第8条　实用性

如果一项发明可以在工业、农业、健康安全或其他领域中被制造或者使用，则该发明具有实用性。

第9条　新颖性的例外

1. 因下列情形导致发明的信息于专利申请提交之日前6个月内已经被披露的，不影响认定该发明的新颖性：

1）信息披露人意图损害发明人或者权利继受人；

2）发明人或者权利继受人在国际展会上公开该发明。

2. 发明人或者权利继受人使用本条第1款规定的期限时，必须证明其有权使用这一期限。

第 10 条　专利权和集体发明人的专利权

1. 发明人、权利继受人或者雇主(职务发明)拥有获得专利的权利。如果发明人与客户订立协议,由客户为科学研究、设计、建设和其他创造性工作提供资金,双方可以通过协议规定专利权的归属。如果未另行协商,由所有发明人共同拥有专利权。

2. 如果多个发明人分别单独完成相同的发明,则最先向国家专利局提交专利申请或者最早获得优先权的人获得专利权。

第 11 条　职务发明

1. 职务发明是指在下列条件下完成的发明:

1)履行《劳动合同》期间创造的发明;

2)完成设计、建设、科学研究或者技术创新工作时创造的发明,但事先必须明确予以说明;

3)完成发明的过程中使用雇主的经验、技术和设施。

2. 员工完成职务发明后,必须立刻书面通知雇主。提交专利申请前,雇主和员工不能向第三方透露发明的关键信息。如果雇主拒绝享有获得专利的权利或者在 4 个月内未向发明人表示使用该权利的意图,则发明人获得该专利。

3. 属于职务发明的,应以雇主的名义向国家专利局提交专利申请。

4. 雇主获得职务发明专利权后,必须向发明人支付报酬。根据发明的经济价值或者雇主使用该发明可能获得的利益来确定报酬。雇主和发明人在《报酬协议》中约定报酬金额和支付条款。授予专利后半年内或者事实上使用发明后一年内必须订立《报酬协议》。雇主不履行《报酬协议》或者上述期限届满前未订立《报酬协议》的,发明人有权请求法院承认其为职务发明的专利权人。

5. 如果员工的《劳动合同》中规定了发明工作和报酬支付条款,则雇主无须另行支付报酬。

6. 如果双方未协商约定报酬的金额,由法院确定。

7. 除支付报酬的权利和义务之外,当专利失效或者取消劳动关系 1 年后,雇主和员工涉及职务发明的权利和义务消灭。

8. 雇主和员工可以协商约定完成职务发明的员工拥有获得专利的权利、提交专利申请的权利或者专利权。在此种情况下,即使存在其他协议,雇主也无须向员工支付报酬。

第 12 条　发明人身份

1. 专利申请书和专利证书中必须注明发明人的姓名。

2. 国家专利局公开专利申请书或者颁发专利证书时,必须注明发明人的姓名。

3. 如果发明人要求,国家专利局可以不公开发明人的姓名。

第三章 授予专利

第 13 条 提交专利申请书和提交专利申请书日期

1. 申请专利需向国家专利局提交专利申请书。可以多人共同提交专利申请书。

2. 专利申请书的提交日期是指国家专利局收到下列文件之日:

1) 专利申请书或者等同于专利申请书的文件;

2) 申请人身份资料和联系信息;

3) 在规则规定的期限内向国家专利局提交发明说明书、图纸或者引用先前专利申请书的副本。

3. 如果未提交本条第 2 款规定的所有文件,国家专利局有权拒绝认定专利申请书提交的日期。如果提交的文件不符合要求,而且未在规定的期限内修正不符合要求的文件,国家专利局有权拒绝认定专利申请书提交日期。如果拒绝认定专利申请书的日期,国家专利局应向申请人说明原因。根据规则修改不合格的文件之后,国家专利局收到已修改的文件之日为专利申请书的提交日期。

4. 如果国家专利局发现专利说明书或者图纸中存在缺陷，应该通知申请人。申请人在规则规定的期限内予以修正并再次提交后，国家专利局收到合格文件之日为专利申请书的提交日期。

5. 申请人提交专利申请书时，需要同时提交优先权申请以及专利说明书或者图纸。如果在规则规定的期限内提交下列文件，专利申请书的提交日期为本条第 2 款所规定的日期：

1）申请采用根据本条第 2 款确定的申请书提交日期；

2）先前专利申请书的副本；

3）先前专利申请书包含的专利说明书、图纸或者翻译文本。

6. 如果在本条第 4 款规定的期限内未提交专利说明书、图纸，或者根据本条第 7 款撤销专利说明书或者图纸，则专利说明书或者图纸不是专利申请书的组成部分。

7. 申请人在规定的期限内，有权根据本条第 4 款撤销专利说明书或者图纸。这种情况下，在收到本条第 2 款规定的全部文件之日为专利申请书的提交日期。

8. 根据本条第 2 款第 3 项或者第 5 款，国家专利局依照规则[①]的规定，可以要求将先前提交的专利申请书副本翻译成国家

① 见本法第 2 条第 18 款。

的官方语言。

第 14 条　代理

1. 专利申请人可以亲自或者由代理人提交专利申请，本条第 2 款规定的情况例外。

2. 如果专利申请人在立陶宛、欧洲经济区国家或者《欧洲专利公约》成员国境内定居、拥有住址、注册的分支机构或者办事处，可以根据法律的规定授权其员工代理提交专利申请。

3. 立陶宛、欧洲经济区国家或者《欧洲专利公约》成员国境内短期入境的外国人，没有住址的外国人、外国人注册的分支机构或者办事处，如果涉及国家专利局授予专利和受理诉讼的相关事务，必须委托专利代理人。根据本法第 13 条提交专利申请、付费、收取国家专利局确认函和通知书的，可以亲自办理。

第 15 条　专利申请书和专利申请费用

1. 专利申请书包括：

1）专利申请书；

2）专利说明书；

3）专利的权利要求书；

4）图纸（如果需要解释发明的实质，如果发明描述中说明有图纸)；

5)论文；

6)证明具有申请专利的权利证书(如果不是发明人提交)和发明人身份的说明书；

7)证明储存生物原料的文件(如果需要)；

8)书面委托书(如果需要)。

2. 申请人必须自提交专利申请之日起1个月内缴纳申请费。

第16条　专利说明书

1. 专利说明书必须符合规则的要求。

2. 专利说明书必须清楚和充分地披露发明，让相关领域的技术人员可以使用。

3. 如果发明专利申请中使用了生物原料或者涉及生物原料，但是相关领域的技术人员无法了解如何使用该发明，则该发明的描述不充分。如果提交专利申请日之前已经根据要求将生物原料交给储存机构保存，并且向国家专利局出示储存证明文件，则不适用本条的规定。

第17条　权利要求书

1. 权利要求书可以由一个或多个权利要求组成。超过15个权利要求的,每个附加的权利要求应支付额外费用。

2. 权利要求决定专利的法律保护范围。

3. 权利要求必须是基于发明的清楚、具体的描述。

4. 权利要求必须符合规则的要求。

第18条　论文

论文中包含发明的技术信息。在确定专利的法律保护范围时,不参考论文。

第19条　发明完整性

1. 专利申请应包括一个发明或发明的组合。

2. 发明完整性不视为专利无效的依据。

第20条　单独专利申请

1. 如果申请人未能遵守专利完整性的要求,则必须将专利申请分为多个单独专利申请。申请人也可以自行将专利申请分为多个单独专利申请。

2. 单独专利申请的发明实质不能超出主专利申请的发明实质范围。

3. 单独专利申请适用主专利申请的提交日期或者优先权

日期。

4. 与主专利申请一起提交至国家专利局的优先权文件和翻译文件,都适用于单独专利申请。

第21条　优先权

1. 申请人提交专利申请时,如果已经向1个或多个《巴黎公约》成员国或世界贸易组织成员国申请专利(申请日期、编号与国家名称),则可以根据《巴黎公约》申请优先权。

2. 优先权申请人必须在提交专利申请之日起16个月内,向国家专利局提供专利申请副本认证书。国家专利局可以要求申请人提供专利申请书的立陶宛语翻译文本。

3. 申请人提交专利申请和优先权申请时,可以书面声明专利申请的说明书、权利要求书、图纸等文件并以在先的专利申请文件为准。

4. 如果申请人未遵守本条第2款的要求,视为未申请本条第1款规定的优先权。

第22条　修改或补充优先权申请

1. 准时提交优先权申请和支付申请费后,如果国家专利局在规定的期限内要求修改或补充优先权申请,允许申请人进行修改或者补充。

2. 如果先前根据本法第 26 条第 1 款已经申请公开专利申请书,则不适用本条第 1 款,除非截至专利申请公布之日至少提前 2 个月已经撤回该申请。

第 23 条　恢复优先权

1. 申请人在优先权有效期结束后两个月内提交专利申请和支付申请费的,允许其申请恢复优先权。

2. 申请人未在本法第 21 条第 2 款规定的期限内提交先前的专利申请或者经认证的副本,但事后又向国家专利局支付申请费、申请恢复优先权并补交先前的专利申请文件的,可以恢复优先权。

第 24 条　审查

1. 审查专利申请时,国家专利局应审查申请人是否遵守本法第 4 条第 2 款、第 5 条第 1 款、第 15 条、第 16 条、第 17 条、第 21 条和第 31 条的规定。

2. 国家专利局认定专利申请不符合本条第 1 款的规定,可以建议申请人在规定的期限内修改文件以满足规定的要求。申请人未接受国家专利局的建议进行修改的,国家专利局有权取消其专利申请。

3. 国家专利局认定专利申请的优先权要求缺少专利说明书、图纸的,可以要求申请人改正。申请人在规则规定的期限内可以选择提交专利说明或者图纸,也可以提交本法第 21 条第 3 款规定的权利要求书。

4. 国家专利局根据本法第 4 条第 2 款、第 5 条第 1 款和第 2 款的规定认定该发明无法注册专利,有权取消该专利申请。

第 25 条　修改和取消专利申请

1. 国家专利局审理专利申请期间,申请人有权修改专利申请。

2. 修改专利申请时,不能改变发明的实质和扩大发明范围。

3. 国家专利局审理专利申请期间,申请人有权取消专利申请。

第 26 条　公开专利申请

1. 专利申请符合本法的要求,国家专利局自提交专利申请之日起 18 个月内在官方公告栏中公开专利申请和申请人信息。申请人要求优先权的,该期限为提出优先权之日起 18 个月。申请人要求国家专利局提前公开专利申请的,国家专利局最早可以自提交专利申请之日起 6 个月内公开专利申请。

2. 申请人在提交专利申请或者优先权申请之日起 17 个月内取消专利申请的，国家专利局不公开该专利申请。

3. 根据本法第 35 条，自公开专利申请之日至专利授权之日，专利申请受临时法律保护。

4. 专利申请公开后，专利申请被取消或者存在争议，则该专利申请不受本条第 3 款规定的临时法律保护。

5. 根据法律法规认定该发明涉密，国家机构可以依据与发明人签订的协议向发明人支付报酬。

6. 如果依照法律的规定应披露发明，则国家专利局应在官方公告栏上公布发明的资料。

第 27 条　接触专利申请文件、保密发明和生物原料样本

1. 公开专利申请前，如果专利申请人书面允许，其他人可以接触专利申请文件。公开专利申请后，所有人都可以接触专利申请文件。

2. 得到取消专利申请的人的许可后，可以接触被取消的未公开的专利申请。

3. 法律有规定的情况下，可以接触保密发明。

4. 与专利申请一起提交的本法第 16 条第 3 款所规定的生物

原料托管文件在专利申请公开后,所有人都可以接触该生物原料样本。专利申请人可以申请仅限独立专家接触该生物原料样本。提交专利申请后,无论专利原料是否被销毁或者被认定无效,所有人都可以接触生物原料样本。

5. 根据申请人的要求驳回或取消专利申请,只允许独立专家在提交专利申请之日起 20 年内接触生物原料样本。此时适用本条第 7 款的规定。

6. 申请人必须至少在公开专利 1 个月前提交本条第 4 款和第 5 款规定的申请。

7. 任何人或者独立专家在专利有效期内履行下列义务时,可以接触本条第 4 款规定的生物原料样本:

1) 不将生物原料样本或者提取出的原料交给第三方;

2) 不将生物原料样本或者提取出的原料用于实验以外的目的,即使申请人或者专利权人明确允许也不例外。

第 28 条　授予专利权

1. 如果已公开的专利申请未被撤销,并且申请人自公开专利申请之日起 3 个月内支付了申请费,则国家专利局授予其专利权。

2. 国家专利局决定授予专利权后,在官方公告栏公布专利信息,并且自通过决定之日起 3 个月内授予专利权。

3. 由国家专利局规定专利文件的格式和所载信息的数量。

4. 国家专利局授予1份专利证书。如果申请人不止1人，而且未另行商议，则国家专利局应向专利申请中注明的第一申请人授予专利权。

5. 国家专利局公布本条第2款规定的文件后，公布专利申请书、发明说明书和图纸。

第29条　立陶宛专利注册中心

1. 立陶宛专利注册中心是国家级注册中心。司法部是专利注册中心的领导机构，国家专利局是专利注册中心的管理机构。立陶宛政府可以委派额外的专利注册中心管理机构。

2. 立陶宛专利注册中心保管根据本法颁发的专利。

3.《立陶宛专利注册中心规章》规定专利的注册和数据管理规则。

第30条　变更专利申请

1. 有下列情况，专利申请人、专利权人或者代理人必须通知国家专利局：

1）变更申请人或者专利权人的姓名、注册地址或者居住地址；

2)变更代理人或代理人的居住(注册)地址;

3)变更全部或部分申请人或者专利权人;

4)修改技术性错误。

2. 申请人、专利权人或者代理人根据本条第 1 款的规定,要求国家专利局变更登记信息时,必须支付规定的费用和提交下列文件:

1)变更申请书;

2)书面证据。

3. 国家专利局自收到本条第 2 款规定的文件后 1 个月内进行审查。如果收到的文件符合本法的要求,变更登记信息。

4. 变更自国家专利局登记之日起生效,国家专利局在官方公告栏中公开变更信息。

5. 如果专利信息中存在技术性错误或不准确的信息,则专利权人有权要求国家专利局变更专利信息。国家专利局必须履行专利权人的合法要求。

6. 因国家专利局原因造成的技术性错误,国家专利局应予以免费修改。

第 31 条　向国家专利局提交文件的要求

1. 向国家专利局提交的文件必须使用国家官方语言。在本法第 13 条第 2 款第 3 项规定的情况下，允许申请人在专利说明书或者图纸中使用其他语言，以确保专利申请的提交日期。

2. 如果提交其他语言的文件，则国家专利局可以要求申请人、专利权人或者代理人自文件提交之日起 3 个月内提供国家官方语言的翻译文本。

3. 根据本法，国家专利局无须认证国外颁发的文件。

4. 规则确定专利申请书和其他文件的具体要求。

5. 根据本法第 15 条第 1 款第 2 项至第 8 项，除非有证据证明申请人提交的其他语言的翻译文本与原文不相符，否则一律视为与原文相符。

6. 如果申请人、专利权人或者代理人在本法规定的期限内未提交规定的文件或者提交的文件不符合要求，视为未提交文件。

第 32 条　延长审理专利申请

1. 超出本法第 24 条第 2 款或第 3 款规定的期限，申请人或者代理人支付规定的费用后，自国家专利局通知超期之日起 2 个月内，可以向国家专利局申请延长审理该专利申请。

2. 国家专利局决定是否延长审理专利申请。

第 33 条　恢复权利

1. 申请人或者专利权人因为未遵守本法第 21 条第 2 款、第

28 条第 1 款、第 31 条第 2 款、第 36 条第 5 款、第 71 条第 2 款和第 3 款、第 79 条第 2 款和第 3 款规定的期限,而丧失与专利申请或专利有关的权利时,如果其申请恢复权利和期限,在证明申请人或者专利权人曾采取必要措施来避免丧失权利和超过期限并支付费用后,可以恢复权利。

2. 申请恢复权利时,必须提交证据证明错过期限的客观原因,并同时继续履行相关期限内所规定的义务。[①]

3. 排除超期原因之日起 2 个月内或者自期限结束之日起 12 个月内,可以申请恢复权利。如果超期与未支付年费有关,自《巴黎公约》第 5 条规定的期限(最先结束的期限)结束之日起 12 个月内可以申请恢复权利。

4. 在本条第 1 款规定的权利丧失到权利恢复期间,如果有人善意使用或者准备使用已公开专利申请的发明或者已经授权的专利,可以在未支付任何费用的情况下,出于自身商业需要的目的继续使用该发明。

第 34 条　费用

《立陶宛工业产权注册法》规定专利的费用和支付规则。

---

① 如未按时履行欧洲专利拓展程序。

第四章 专利效力

第35条 专利权人的权利

1. 如果专利的内容是产品,则专利权人有排他性权利禁止其他人未经许可制造、使用、许诺销售、销售、进口或者出口该产品。

2. 如果专利的内容是产品的制造方法,则专利权人有排他性权利禁止其他人未经许可使用该方法,以及使用、许诺销售、销售、进口或出口用该方法制造的产品。

3. 下列情况下专利权人无权阻止其他人实施本条第1款和第2款规定的行为:

1)用于满足自身的需求,不违反专利权人的经济利益;

2)用于实验或者科学研究,不阻碍专利权人正常的使用专利,不违反专利权人的合法利益;

3)根据医生的处方或者指明的已生产药物在药店内一次性制作药物;

4)专利权人或者经专利权人许可已经在欧洲经济区成员国市场上推广的产品。

4. 其他人为实现本条第1款和第2款规定的行为,提供或传播专利权人的发明,专利权人有权禁止。

5. 专利权人许可、销售或者通过其他商业方法转让农业作物培育原料，视为专利权人允许农业从业者将产品用于培育或繁殖农作物。该转让的适用范围和条件的例外遵守欧盟委员会第2100/94号《欧盟境内植物物种法律保护条例》第14条的规定。

6. 专利权人许可、销售或者通过其他商业方法转让家禽培育或繁殖原料，视为专利权人允许农业从业者以家禽业为目的使用该专利。

7. 其他法律法规可以规定本条第6款规定适用范围和条件的例外。

8. 继承专利申请和专利的权利。

第36条　专利权的期限和年费

1. 专利权的期限自提交专利申请之日起20年。

2. 支付年费决定专利权的期限。

3. 专利生效后第3年起支付第1年的年费。

4. 专利期限届满前每年最后2个月内支付该年的年费。

5. 本条第4款规定的期限可以延长至6个月，但年费需要增加50%。如果在本条第4款规定的期限内未支付年费，国家专利局需通知专利权人。

6. 如果在本条第5款规定的期限内未支付年费，则该专利将被撤销。撤销专利的日期为最后 1 次支付年费的年度。

7. 国家专利局撤销专利时,需在官方公告栏注明专利号和撤销日期。

第 37 条 附加保护证明

1. 附加保护证明适用 1992 年 6 月 18 日欧盟委员会第 1768/92 号《医药产品附加保护证明设立条例》和 1996 年 7 月 23 日欧洲议会和欧盟委员会第 1610/96 号《植物保护措施的附加保护证明设立条例》。

2. 支付年费的情况决定附加保护证明的有效期。

3. 专利有效期最后 1 年的最后 2 个月内支付第 1 年的附加保护证明费用。根据本法第 36 条第 4 款的规定支付第 2 年和以后每年的附加保护证明费用。根据本法第 36 条第 5 款和第 6 款确定附加保护证明的年费金额。

第 38 条 法律保护的范围和解释发明定义

1. 权利要求书决定专利的法律保护范围。说明书和图纸解释发明的权利要求书。

2. 权利要求书包括发明的所有特征和相似特征。

3. 下列情况视为权利要求的相似特征:

1)采用相似技术特征的功能和方法得出与权利要求的技术特征一样的结果;

2)相关领域的技术人员使用该技术特征所得出的结果,与使用类似特征时得到的结果相同。

4. 国家专利局授予专利前或者在专利有效期内,必须参考申请人或专利权人申请缩小权利要求的书面声明。

5. 在专利说明书中提及的发明的功能或者所得出结果的样本,不能视为对该权利要求的解释。

第 39 条　生物技术发明的法律保护范围

1. 生物原料专利的法律保护包括通过原料培植或繁殖方法得出的具有相同特征的一切生物原料。

2. 获取生物原料的方法专利的法律保护包括直接用该方式得到的生物原料、通过生物原料培植或繁殖方法得出的具有相同特征的一切生物原料。

3. 拥有或构成基因信息的产品专利的法律保护包括包含有该产品的一切原料(人体器官、人体元素、在自然环境中形成和发展出的基因链除外)。

4. 本条第 1 款、第 2 款和第 3 款规定的法律保护不包括专利权人允许向欧洲经济区市场提供的生物原料。

第 40 条　在先使用权

1. 在专利申请提交之日前已经使用或者准备使用该专利或在申请优先权之日前已经要求获得优先权，则无论专利权人是否同意，该使用者可以相同的目的继续使用该专利。

2. 专利权人只能与已经使用或者准备使用专利的企业同时获得在先使用权。

第 41 条　专利权人在国外交通工具上的权利

下列情况不侵犯专利权人的权利：

1）当国外船只处于立陶宛水域内时，该外国船只上将专利用于与船只有关的事务；

2）当国外航空或路上交通工具临时或者偶然处于立陶宛境内时，在交通工具内将该专利用于搜索或救援行动。

第五章　转让、许可、抵押和扣押

第 42 条　转让专利申请或专利权

1. 专利申请或者专利权的《转让协议》必须采用书面形式。

2. 申请人向国家专利局提交下列文件，国家专利局可以根据

转让双方的申请,将专利申请或者专利权的《转让协议》在立陶宛专利注册中心登记:

1)在立陶宛专利登记中心登记权利转让申请书;

2)确定转让权利的文件;

3)代理人书面授权书(如果需要)。

3. 自收到本条第 2 款规定文件之日起,如果文件符合本条的要求,国家专利局应在 1 个月内将专利申请或专利的转让信息在立陶宛专利注册中心予以登记。

4. 立陶宛专利注册中心登记转让之日起,转让正式生效。国家专利局在官方公告栏公布该转让信息。

第 43 条 认定专利申请或者专利权

如果专利申请或者专利的核心内容的发明人不是专利申请人或者专利权人,其他人可以向法院提起诉讼,要求认定其拥有专利申请权或者专利权。

第 44 条 专利申请权或者专利共有

1. 专利申请权或者专利权可以由多个申请人或者多个专利权人共有。

2. 同一专利申请的每个申请人有权单方面转让属于自己的

专利申请权,如果涉及取消专利申请或者订立已公开的专利申请的《许可协议》,必须获得所有申请人的同意。

3. 同一专利的各个权利人可以单方面转让属于自己的专利权,可以单方面向法院提出专利侵权诉讼。

4. 如果涉及放弃专利申请或者订立专利许可协议,则必须获得该专利所有权利人的许可。

第 45 条 许可协议

1. 申请人或者专利权人有权进行排他性许可和一般许可。许可人有权许可被许可人在立陶宛或者特定区域内使用该专利。

2. 许可协议双方需在支付费用后,向国家专利局提交下列文件或信息以登记该许可协议:

1)证明订立《许可协议》的文件或者公证员认证的《许可协议》的副本;

2)代理人授权书(如果需要)。

3.《许可协议》中必须注明:

1)已公开的专利申请或者专利权人的名称或者姓名、注册地址或者居住地址;

2)被许可人的名称或者姓名、注册地址或者居住地址;

3)许可的专利申请或者专利编号;

4)《许可协议》类型；

5)《许可协议》的订立日期和期限；

6)《许可协议》适用的区域。

4. 自收到本条第 2 款规定的文件之日起 1 个月内，如果文件符合本条的要求，国家专利局应当在立陶宛专利注册中心登记该《许可协议》。

5. 自立陶宛专利注册中心登记之日起，《许可协议》对第三方生效。国家专利局在官方公告栏公开《许可协议》的信息。

6. 被许可人未履行《许可协议》，则已公开的专利申请人或者专利权人可以行使本法第 35 条规定的权利。

7. 本条第 1 款至第 6 款的规定适用于《专利再许可协议》。

第 46 条　公共许可

1. 专利权人向国家专利局提交声明书，证明其有偿许可其他人使用发明的，专利年费减半。

2. 如果立陶宛专利注册中心已经登记《许可协议》，则国家专利局不受理专利权人提交的本条第 1 款规定的声明书。

3. 如果国家专利局未收到要求使用专利的声明书，则专利权人可以随时书面通知国家专利局，撤销本条第 1 款规定的声明书。

4. 公共许可不是排他性许可。

5. 国家专利局收到公共许可申请书后，则无权在立陶宛专利注册中心为该专利发明登记排他性许可，除非专利权人撤销本条第1款规定的声明书。

6. 国家专利局应在官方公告栏中公布本条第1款规定的专利权人声明书和撤销声明书的决定。

第47条　抵押或扣押专利申请或者专利权

1. 国家专利局可以根据立陶宛的法律法规抵押或扣押专利申请或专利权（临时限制使用、管理或支配该权利）。

2. 如果国家专利局收到土地抵押或扣押注册中心管理员扣押或抵押专利申请或专利权的通知书，应当在立陶宛专利注册中心登记抵押或扣押的信息，并在其官方公告栏公开抵押或扣押的信息。

第六章　强制许可

第48条　受保护植物品种的强制性双向许可

1. 如果收集人[①]未获得植物品种的法律保护或者独占权，则

---

① 收集人（selector）是创造新植物品种的专家或科学家，收集人根据《立陶宛植物保护法》保护新品种，收集人不是专利权人。

收集人可以就受保护植物品种申请有偿强制性许可。强制许可后，专利权人有权获得使用受保护物种的双向许可。

2. 如果生物技术发明的专利权人不能使用该专利，则在未违反法律规定前提下，该专利权人可以申请有偿强制性许可。强制许可后，植物品种法律保护权人有权获得使用该专利的双向许可。

3. 如果申请人要获得本条第 1 款和第 2 款规定的许可，必须证明：

1）申请人未能与生物技术发明的专利权人或者植物品种法律保护权人达成《许可协议》；

2）植物品种或者生物技术发明具有技术优势和重大经济价值。

4. 法院应以判决的形式，决定本条第 1 款和第 2 款规定的强制许可的授予、补偿数额、许可条件和范围。

5. 受保护植物品种的清单管理机构与立陶宛专利注册中心负责本条第 1 款和第 2 款规定的强制性许可的登记工作。

6. 如果是欧盟植物品种局许可的植物品种，适用 1994 年 7 月 27 日欧盟委员会第 2100/94 号《欧盟境内植物物种法律保护条例》第 29 条的规定。

第 49 条　医药产品的强制性许可

根据 2006 年 5 月 17 日欧盟第 816/2006 号《向有公共卫生问题国家出口制造医药产品专利条例》的规定，立陶宛政府授权的机构有权授予强制性许可。

第 50 条　立陶宛政府强制性许可

1. 有下列情形之一的，立陶宛政府未经专利权人同意，可以给予在立陶宛境内使用该专利的强制许可：

1) 发明涉及公众需求、国家安全和公众卫生安全，以及在产业发展上具有重大经济价值；

2) 法院裁定专利权人或者被许可人使用发明的方式限制竞争。

2. 该专利仅用于本条第 1 款规定的目的。应当根据专利的经济价值，向专利权人合理补偿专利使用费。

3. 如果专利权人或者被许可人要求，则立陶宛政府可以更改专利的使用条款和许可期限。

4. 如果未经专利权人同意就使用专利后出现在后专利，并侵犯了在先专利权人的独占权，在立陶宛政府决定是否未经专利权人同意就使用专利时，须参考下列情况：

1）在后专利是否具有重大技术优势和经济价值；

2）在先专利权人是否有权以交叉许可的方式使用在后专利；

3）是否可以转让在先专利的使用许可。

5. 如果被许可使用的专利已经不存在，或者被许可使用专利的人未遵守立陶宛政府许可使用目的，则立陶宛政府可以取消强制性许可。

6. 强制性许可是非独占性许可，专利权人有权使用该专利并有权订立《许可协议》。

7. 除法律另有规定外，强制性许可不得转让。

8. 申请强制性许可，应当以证明专利权人拒绝许可为前提。国家在出现紧急状态时或为了公共需求（非商业目的）给予强制性许可时，可以不用证明专利权人拒绝许可。强制性许可的决定，应当书面通知专利权人。

9. 专利权人对立陶宛政府的强制性许可决定不服的，可以根据法律的规定向法院起诉。

10. 国家专利局在收到立陶宛政府的强制性许可决定后，须在其官方公告栏公开该决定。

第七章　争端解决与维权

第51条　争端解决机构

专利申请和使用的争端解决机构：

1)国家专利局复审部——根据国家专利局的规定，受理专利申请人与国家专利局之间因专利申请提交日期、优先权日期、审查结果和拒绝授予专利权的决定而产生的争端。

2)维尔纽斯地区法院——审理国家专利局复审部的决定、专利申请权、承认专利权、取消专利权、专利临时法律保护和专利侵权争端，以及涉及本法第48条和第49条的争端。

3)统一专利法院——根据2013年2月19日在布鲁塞尔签订的《统一专利法院协议》审理与欧洲专利和统一欧洲专利相关争议的法院。

第52条　救济方式

1. 申请人、专利权人、权利继受人和独占性被许可人维护自身权利时，有权请求法院适用法律规定的救济方式。

2. 为取消非法行为、禁止侵权行为或者禁止造成损失的行为，法院可以根据申请人、专利权人、权利继受人和独占性被许可人的申请,要求侵权人赔偿损失。

3. 被侵权人要求停止非法行为或者适用第 58 条规定的复原措施时,如果侵权行为非故意或过失导致,且救济方式会给侵权人带来重大损失,则在被侵权人同意和可获得充分赔偿的情况下,侵权人可以向法院申请向被侵权人支付金钱赔偿。

4. 如果中间方向第三方提供服务后,该第三方使用服务时侵犯本法规定的权利,则申请人、专利权人权利继受人和独占性被许可人有权要求法院禁止中间方向第三方提供服务(禁止转让信息和获得信息)。执行法院判决时,不影响追究中间人保留或转让信息的责任。

5. 专利涉及产品制造方法的,被告应当证明其采取的制造方法不侵犯专利。

6. 被告证明制造产品使用的制造方法不侵犯专利时,法院应当保护被告的商业秘密。

第 53 条　知情权

1. 法院审理争端时,可以根据原告的申请,要求相关人员提供违法或侵权产品与服务的来源和传播方式的信息,尤其是:

1)侵权产品的制造方、传播方、供应方、高层主管、批发商与零售商的信息;

2)制造、供应、获取或者订购侵权产品的数量、已支付价格或应支付价格。

2. 法院可以要求侵权人、与侵权产品或服务有商业关联的主体、参与制造或传播侵权产品或者服务的主体提交本条第1款规定的信息。

第54条　证据

1. 如果诉讼一方有合法有效的证据证明诉讼另一方拥有关键证据,则根据该诉讼一方的申请,在确保机密信息安全的前提下,法院根据《民事诉讼法》可以要求诉讼另一方提供这些证据。如果有足够数量的侵权产品,则法院可以将侵权产品列为证据。

2. 因商业目的侵犯本法规定的权利,而且存在本条第1款规定的情形,法院可以依照《民事诉讼法》的规定,在确保机密信息安全的前提下,要求诉讼另一方提供银行、财务或者商务文件。如果在法院规定的期限内因为非重要原因未提交或者拒绝提交上述文件,法院可以根据现有证据作出判决。

第55条　临时保护措施和证据保全措施

1.《民事诉讼法》和本法规制临时保护措施和证据保全措施。

2. 如果有足够证据怀疑存在侵权行为,法院为阻止侵权行为

和确保判决的执行,可以依照《民事诉讼法》的规定适用下列临时保护措施:

1)禁止侵权行为;

2)临时禁止侵权行为;

3)禁止提供侵权服务;

4)扣押、禁止和没收侵权产品;

5)扣押侵权嫌疑人的财产、银行账户和其他信贷机构的账户,要求侵权人提供或者披露银行、金融或者商业文件;

6)《民事诉讼法》规定的其他措施。

3. 如果被申请人违反临时保护措施或者未停止侵权行为,法院可以要求其向临时保护措施申请人赔偿损失。

4. 法院有权要求临时保护措施申请人证明其有权申请临时保护措施,并证明存在事实侵权行为或者潜在侵权行为。

5. 如果申请人能够证明存在事实侵权行为或者潜在侵权行为,法院可以在确保机密信息受保护的前提下,适用下列临时保护措施和证据保全措施:

1)仅认定或认定和扣押侵权产品;

2)扣押侵权产品、相关文件、原料和生产与传播设备;

3)《民事诉讼法》规定的其他措施。

6. 法院不通知或者不询问被告时,可以适用临时保护措施和证据保全措施,特别是在侵权行为可能会给申请人造成不可挽回的损失或者证据可能会被销毁的情况下。如果法院事先未通知或者询问被告就适用临时保护措施和证据保全措施,则事后必须立即通知被告。在法院适用临时保护措施后的合理期限内,诉讼双方可以向法院请求变更、取消或重新评估临时保护措施。

7. 如果由于申请人的作为、不作为或者申请人提供的证据不足或未按时提交诉讼书,则被申请人可以要求申请人赔偿由于采取临时保护措施或者证据保全措施而造成的损失。

第 56 条　复原措施

1. 本法第 52 条第 1 款规定的主体有权请求法院撤销和没收产品以避免损失和维护权利。如果法院认定该产品侵权,可以要求销毁该产品以及销毁该产品在生产或制造中使用的主要原料和工具。

2. 被侵权人要求赔偿时,可以要求无偿适用本条第 1 款规定的措施。根据侵权人的行为严重程度与适用措施的关系,以及第三方的合法权益,确定侵权人承担的费用金额。

第 57 条　赔偿经济性损失

1.《民法典》和本法规定经济性损失的赔偿。

2. 法院参考侵权的实质、造成损失的大小、未得收益、侵权造成的费用和其他重要情况确定侵权行为造成的损失。根据本法第52条第1款规定的主体的请求,法院可以将侵权人的收益计入损失。权利人可以向法院请求获得侵权产品。

3. 根据合法使用专利的应得收益和实际收益的情况计算本法第52条第1款规定的主体的未得收益。

4. 本法第52条第1款规定的主体可以要求根据使用专利的合理费用计算侵权行为造成的实际损失。如果侵权人是故意或者严重过失,则赔偿实际损失的2倍。

5. 出现侵权行为时,如果侵权人不知或无法得知其侵犯了本法规定的权利,法院可以根据本法第52条第1款所规定主体的请求,判令侵权人返还侵权所得收益。侵权人的收益是通过侵权行为所得的收益。确定侵权人的收益时,申请人负有举证义务。确定侵权人的纯收益(纯收益指侵权人的总收益减去侵权人的开支)时,侵权人负有举证义务。

第58条　法院判决

如果法院认定存在侵权行为,根据本法第52条第1款规定的主体的申请,可以判令侵权人自费在公共信息媒介上或以其他方式公开全部或部分判决。法院在判决中注明公开判决的方式、条件和规则。本法第 52 条第 1 款规定的主体可以要求侵权人提前向法院支付公开判决的费用。

第 59 条　不侵权认定

1. 利益相关人有权提出诉讼，请求法院认定未侵权。

2. 如果出现不侵权认定的案件，专利权人必须通知所有被许可人。如果《许可协议》未另行规定，则被许可人有权参与案件的审理。

第 60 条　海关检查措施

如果从非欧盟国家向立陶宛进口或者从立陶宛向非欧盟国家出口侵权产品，适用欧盟与立陶宛规定的海关检查措施。

第八章　修改专利、撤销专利和认定专利无效

第 61 条　修改专利

1. 如果专利权人申请缩小专利的法律保护范围并支付规定的费用，则有权请求国家专利局修改专利。

2. 如果专利权人请求扩大专利申请的范围，则国家专利局允许修改该专利。

3. 国家专利局在立陶宛专利注册中心登记专利修改的信息，在官方公告栏中公开。专利修改自立陶宛专利注册中心登记之日起生效。

第 62 条　撤销专利

1. 如果专利权人申请撤销专利，则需要书面通知国家专利局。如果申请撤销专利中 1 个或多个权利要求，则视为撤销部分专利。

2. 国家专利局在立陶宛专利注册中心登记撤销专利的信息，在官方公告栏中公开。

3. 撤销专利自国家专利局收到专利权人的撤销申请之日起生效。

第 63 条　认定专利无效

1. 下列情况下，法院根据利益相关人的诉讼书，可以认定专利全部或部分无效：

1）发明不能注册专利；

2）未充分披露发明的实质内容；

3）发明内容超出专利申请的范围、单独专利申请的范围超出主专利申请的范围；

4）专利权人无权获得专利。

2. 如果认定专利部分无效，国家专利局可以限制专利权的保护范围、减少专利的权利要求、修改专利说明书和图纸。

第 64 条　认定专利无效的后果

1. 如果法院认定专利全部或部分无效，则自提交专利申请之日起该专利全部或部分无效。

2. 法院认定专利无效的判决生效后，法院将判决寄给国家专利局，国家专利局在立陶宛专利注册中心登记专利无效的信息，并在官方公告栏中公开。

第九章　申请国际专利

第 65 条　国家专利局受理国际专利申请

1. 如果国家专利局是国际专利申请的接收方，则适用《专利合作协议》、本法和其他相关法律法规。

2. 申请人是立陶宛公民、立陶宛居民或者注册地在立陶宛的法人，可以向国家专利局提交国际专利申请。

3. 自世界知识产权组织国际局和国际检索组织收到国际专利申请之日起，在 1 个月内支付《专利合作协议》第 14 款规定的费用。

4. 申请国际专利时，必须使用规定的语言。

5. 如果国际专利申请中注明或者选择立陶宛，根据《专利合作协议》第 45 条第 1 款将其视为欧洲专利申请。

第 66 条　选择国家专利局作为国际专利受理机构

1. 如果选择国家专利局作为国际专利受理机构，则申请国际专利时适用《专利合作协议》、本法和其他相关法律法规。

2. 如果选择国家专利局作为国际专利受理机构，则根据《专利合作协议》第 21 条公布的国际专利申请拥有本法第 26 条第 3 款规定的临时法律保护。

3. 国家专利局在官方公告栏公布国际专利申请说明书的立陶宛语文本之日起，临时法律保护生效。

4. 如果选择国家专利局作为国际专利机构，而且国际专利申请人要求获得立陶宛专利，则必须在《专利合作协议》第 22 条或第 39 条规定的期限内提交国际专利申请书的立陶宛语文本并支付费用。

第十章　欧洲专利的效力

第67条　总则

1. 拓展至立陶宛的欧洲专利申请或欧洲专利,与根据本法提交的专利申请和授予专利具有相同的效力。

2. 如果根据本章的规定将欧洲专利申请或欧洲专利拓展至立陶宛,而且本法未另行规定,则不适用《欧洲专利公约》。

第68条　要求拓展欧洲专利申请或欧洲专利

1. 自立陶宛与欧洲专利组织订立的《专利合作协议》生效之日起,申请人可以要求将欧洲专利申请和欧洲专利拓展至立陶宛。国家专利局收到欧洲专利局转交的拓展申请或优先权后,自提交欧洲专利申请之日起18个月内公布该拓展申请或自提交优先权之日起18个月内公开拓展优先权的申请。

2. 申请人可以随时放弃拓展欧洲专利申请和欧洲专利至立陶宛的申请。如果未按时支付拓展费、驳回欧洲专利申请或者放弃欧洲专利申请,则视为申请人放弃将欧洲专利申请和欧洲专利拓展至立陶宛。

第 69 条　拓展费

1. 必须在《欧洲专利公约》规定的期限内向欧洲专利局支付本法第 68 条第 2 款规定的拓展费。

2. 如果依照《欧洲专利公约》的规定延长拓展费支付期限，则拓展费增加 50%。

3. 根据《欧洲专利公约》的规定支付拓展费后，拓展费不予归还。

第 70 条　欧洲专利申请的效力

1. 自提交欧洲专利申请之日起，如果认定欧洲专利申请的优先权时已经提交欧洲专利申请，则视为根据本法规定提交的专利申请。

2. 已公开的欧洲专利申请适用本法第 26 条第 3 款规定的临时法律保护。申请人将欧洲专利申请发明定义的立陶宛语文本转交给立陶宛境内的使用人后，给予临时法律保护。

3. 如果撤销将欧洲专利申请拓展至立陶宛的申请，则欧洲专利申请无法获得本条第 2 款规定的临时法律保护。

第 71 条　欧洲专利的效力

1. 根据本条第 2 款至第 6 款拓展欧洲专利，自欧洲专利局授予专利之日起，该欧洲专利拥有本法第 35 条规定的权利。

2. 欧洲专利权人自授予欧洲专利之日起 3 个月内可以向国家专利局提交欧洲专利权利要求书的立陶宛语文本与支付费用。

3. 如果欧洲专利局收到异议后更改欧洲专利的权利要求书，则专利权人自公开更改后的专利权利要求之日起 3 个月内，应向国家专利局提交已更改的专利的权利要求书的立陶宛语文本和支付费用。

4. 收到欧洲专利的权利要求书或者更改后的权利要求书的立陶宛语文本后，国家专利局应立即公开。

5. 如果未按时提交本条第 2 款或第 3 款规定的立陶宛语文本与支付费用，视为该欧洲专利无效。

6. 如果欧洲专利局收到异议后撤销拓展的欧洲专利，则该拓展的欧洲专利和欧洲专利申请书中的异议部分自始不产生本条第 1 款和本法第 70 条第 2 款规定的法律后果。

第 72 条　欧洲专利申请或欧洲专利的真实性

1. 立陶宛承认采用欧洲专利局官方语言的欧洲专利申请或者欧洲专利的真实性。

2. 本法第 70 条和第 71 条规定的立陶宛语文本是真实的，除非撤销专利的程序中缩小欧洲专利的保护范围。

3. 申请人或专利权人可以提交更改后的欧洲专利申请或欧洲专利的权利要求书的立陶宛语文本。国家专利局公开更改后的立陶宛语文本后,立陶宛语文本生效。更改立陶宛语文本后,如果已经使用或准备使用该专利的人可以出于个人的需要继续无偿使用。

第 73 条　欧洲专利申请和欧洲专利拓展后的效力

1. 支付拓展费用后,欧洲专利申请和欧洲专利拥有本法第 6 条第 2 款规定的效力。

2. 如果专利权人根据本法提交的专利申请和专利拓展至欧洲专利,则拥有本法第 6 条第 2 款规定的效力。

第 74 条　双重保护

如果拓展至立陶宛的欧洲专利与根据本法授予的专利的提交日期和优先权日期相同、申请人或其权利继受人相同、发明相同,则自该欧洲专利异议期限结束之日起,根据本法授予的专利丧失效力。

第 75 条　已拓展欧洲专利的年费

已拓展欧洲专利的有效期和年费适用本法第 36 条第 1 款、

第2款、第4款、第5款、第6款和第7款的规定。授予欧洲专利的第二年起支付已拓展欧洲专利的年费。

第十一章 《欧洲专利公约》

第76条 适用《欧洲专利公约》

1. 自《欧洲专利公约》在立陶宛生效之日起提交的欧洲专利申请和授予的欧洲专利适用《欧洲专利公约》。

2. 可以根据本法和(或)《欧洲专利公约》第138条取消立陶宛已经公开和生效的欧洲专利。

3.《欧洲专利公约》规定国家专利局是工业产权中央局。

4. 国家专利局确定《欧洲专利公约》在立陶宛的执行规则。

第77条 提交欧洲专利申请

1. 以《欧洲专利公约》第14条第1款和第2款规定的语言，向欧洲专利局或者国家专利局提交欧洲专利申请。

2. 国家专利局收到欧洲专利申请后，应当在《欧洲专利公约》第77条规定的期限内转发给欧洲专利局，除非涉及国家或单位机密。

3. 单独的欧洲专利申请直接提交给欧洲专利局。

4. 如果欧洲专利申请包含国家和单位机密,则只能提交给国家专利局。

第78条　欧洲专利申请生效

1. 确定欧洲专利申请的优先权日期时,如果欧洲专利申请拥有提交日期,则该欧洲专利申请拥有与根据本法提交的专利申请相同的法律效力。

2. 已公开的欧洲专利申请可以获得本法第26条第3款规定的临时法律保护。国家专利局在官方公告栏公布欧洲专利申请发明定义的立陶宛语文本后,给予临时法律保护。公开欧洲专利申请的权利要求书的立陶宛语文本时,需要支付规定的费用。

3. 申请欧洲专利时,如果未选择或视为未选择立陶宛作为该欧洲专利受保护的国家,则该欧洲专利不享有本条第2款规定的临时法律保护。

第79条　欧洲专利生效

1. 根据本条第2款和第3款,欧洲专利局宣布授予欧洲专利后,该欧洲专利拥有本法第35条规定的权利。

2. 专利授权后,欧洲专利权人应在3个月内向国家专利局提交欧洲专利发明定义的立陶宛语文本并支付费用。

3. 如果因提交异议而更改欧洲专利的权利要求书，则自公开更改后的专利权利要求之日起，欧洲专利权人应在 3 个月内向国家专利局提交更改后的欧洲专利权利要求的立陶宛语文本并支付费用。

4. 国家专利局在 3 个月内公开本条第 2 款和第 3 款所规定的立陶宛语文本。

5. 如果在本条第 2 款和第 3 款规定的期限内未提交欧洲专利发明定义的立陶宛语文本，则视为欧洲专利在立陶宛无效。

第 80 条　欧洲专利申请书与欧洲专利内容的真实性

1. 如果欧洲专利申请书或欧洲专利内容采用欧洲专利局的程序语言，则立陶宛承认其真实性。

2. 本法第 78 条和第 79 条规定的翻译文本被视为真实。如果专利的保护范围比采用欧洲专利局程序语言的专利保护范围小，则此类专利的撤销程序不适用本款规定。

3. 申请人或专利权人可随时提交修改后的欧洲专利申请书或欧洲专利发明描述的翻译文本。修改的翻译文本经国家专利局公布后生效。使用或准备使用发明的主体，在不侵犯专利申请书或专利发明描述的第一翻译文本的前提下，自发明描述的翻译文本被修改后，可以继续无偿使用发明。

第 81 条　欧洲专利年费

欧洲专利的有效期和年费适用本法第 36 条第 1 款、第 2 款、第 4 款、第 5 款、第 6 款和第 7 款的规定。欧洲专利授权的第二年开始支付欧洲专利年费。

第 82 条　更改欧洲专利申请

1. 如果根据《欧洲专利公约》第 77 条第 3 款、第 78 条第 2 款撤销欧洲专利申请，或根据《欧洲专利公约》第 14 条第 2 款未按时提交欧洲专利申请的翻译文本，申请人可以根据本法的规定更改欧洲专利申请。

2. 申请人需要在规定的期限内向国家专利局支付费用并提交欧洲专利申请的立陶宛语文本。

第 83 条　双重保护

如果相同的主体基于相同的发明，获得欧洲专利和根据本法授予的专利权，而且提交日期或者优先权日期相同，则自欧洲专利异议期限结束之日起或者自欧洲专利局收到异议并判决欧洲专利仍然有效之日起，根据本法授予的专利权丧失效力。

第十二章 《统一欧洲专利》

第 84 条 禁止双重保护

1. 如果统一欧洲专利以及根据本法授予的专利的提交日期或优先权日期一致，而且就同一个发明授予同一个主体或其权利受让人，则自统一专利的异议期结束之日或者判定异议无效之日起，根据本法授予的专利失效。

2. 欧洲专利根据本法第 79 条的规定公布发明描述翻译文本的，如果该欧洲专利根据第 1257/2012 号条例注册，则在立陶宛自始无效。

第 85 条 统一专利法院判决和决定的执行

1. 统一专利法院判决和决定是执行文件。

2. 统一专利法院的判决或决定在立陶宛执行的，执行文书应翻译为国家官方语言。

第 86 条 违反欧盟法律的责任

根据《统一专利法院协议》第 22 条第 2 款的规定，就欧洲法院违反欧盟法律提起诉讼的，维尔纽斯地区法院拥有管辖权。

附录：

执行的欧盟法律法规

1. 1992年6月18日委员会第1768/92号《关于医药产品附加保护证书的条例》。

2. 1996年7月23日欧洲议会与委员会第1610/96号《关于植物附加安全保护证书的条例》。

3. 1998年7月6日欧洲议会与委员会第98/44/EB号《关于生物技术发明法律保护的指令》。

4. 2004年4月29日欧洲议会与委员会第2004/48/EB号《关于知识产权保护的指令》。

5. 2006年5月17日欧洲议会与委员会第816/2006号《关于药品专利强制许可的条例》。

6. 2012年12月17日欧洲议会与委员会第1257/2012号《关于实施统一专利保护的条例》。

本法修订情况

1. 1994 年 11 月 8 日第Ⅰ－638 号《关于修订立陶宛共和国专利法的法案》。

2. 1997 年 12 月 9 日第Ⅷ－565 号《立陶宛共和国专利法第 34 条的修订法案》。

3. 1997 年 12 月 23 日第Ⅷ－590 号《立陶宛共和国专利法第 7 条、第 8 条、第 22 条的修订和增补法案》。

4. 2000 年 6 月 15 日第Ⅷ－1738 号《立陶宛共和国专利法第 26 条、第 38 条、第 39 条、第 40 条的修订和增补法案》。

5. 2000 年 12 月 21 日第Ⅸ－118 号《立陶宛共和国专利法第 41(1)条的增补法案》。

6. 2001 年 10 月 30 日第Ⅸ－568 号《立陶宛共和国专利法第 2 条、第 6 条、第 26 条、第 31 条、第 41 条、第 27(1)条的修订和增补法案》。

7. 2005 年 6 月 30 日第Ⅹ－287 号《立陶宛共和国专利法第 2 条、第 4 条、第 10 条、第 11 条、第 13 条、第 19 条、第 21 条、第 22 条、第 24 条、第 26 条、第 39 条、第 40 条、第 48 条、第 50 条、第 28－1 条、第 38 条的修订和增补法案》。

8.2006年6月8日第Ⅹ-649号《立陶宛共和国专利法第七章的修订和增补法案》。

9.2007年5月10日第Ⅹ-1119号《立陶宛共和国专利法第38(1)条、第59(2)条的修订法案》。

10.2010年12月23日第Ⅺ-1261号《立陶宛共和国专利法的修订法案》。

11.2015年10月20日第Ⅻ-1957号《立陶宛共和国专利法第35条的修订法案》。

12.2017年3月30日第XIII-263号《立陶宛共和国专利法第29条的修订法案》。

13.2017年5月4日第XIII-344号《立陶宛共和国专利法第2条、第51条、第79条、第十二章的修订与增补法案》。

14.2017年6月29日第XIII-548号《立陶宛共和国专利法第2条和第14条的修订法案》。

立陶宛商标法

2000 年 10 月 10 日　第Ⅷ－1981 号

维尔纽斯

第一章　总　　则

第 1 条　立法目的

1. 本法目的——立陶宛境内的商标保护。

2. 本法规定立陶宛境内的商标保护、商标注册、商标使用、商标注册管理、争议解决和商标权人维权。

3. 本法适用于带有立陶宛国家专利

局受理的商标注册申请、根据本法注册的商标、立陶宛境内有效的境外注册商标的产品或服务，以及立陶宛境内的知名标识。

4. 本法符合欧盟的相关法律规定。

第2条　基本定义

1. **人**——个人或法人，其他组织或其分支机构。

2. **欧盟商标**——2017年6月14日欧洲议会与委员会第2017/1001号《关于欧盟商标的条例》（以下简称《欧盟商标条例》）规定的商标。

3. **原产地**——注明商品或服务产地的国家、地区或者地点。

4. **地理标识**——地点的名称、文字或者标志，可以直接或间接确定产品来源地，可以联系到产品的质量、声誉或者其他关键特征。

5. **排他性许可**——许可人向被许可人授权使用商标后，许可人无权自己使用该商标，也不得授权第三方使用。

6. **原产地标识**——作为商品原产地的地区、地点或国家名称，商品的质量或特征实质上或完全依赖于该原产地的标识。

7. **集体商标**——申请书中注明商标权利人为集体性质的团体。团体是指制造商、服务方、经销商协会或其他公共法人，以及可以承担权利义务、订立合约、作为原告和被告的外国制造商、服务方或经销商联合体。

8. **许可**——商标申请人或权利人(许可人)根据许可协议允许他人(被许可人)使用商标。

9. **立陶宛官方标识**——立陶宛官方或传统国家名称、立陶宛国旗、总统旗、立陶宛国徽、立陶宛国家标识、国家荣誉勋章。

10. **非排他性许可**——许可人向被许可人授权使用商标后,许可人可以使用该商标,也可以授权第三方使用。

11. **《尼斯分类》**——1957 年 6 月 15 日《商标注册用商品和服务国际分类尼斯协定》所确定的国际商品和服务分类,1967 年 7 月 14 日在斯德哥尔摩修改、1977 年 5 月 13 日和 1979 年 10 月 2 日在日内瓦修改。

12. **申请人**——提交商标注册申请的人或者团体。

13. **认证标识**——申请书中注明的,产品或服务根据材料、产品制造方式或服务方式、质量、准确性或其他特征被认证后带有的标识,以此与未认证产品或服务进行区别。

14. **再许可**——被许可人允许其他人依照《再许可协议》使用商标。

15. **国际申请**——根据"马德里协定",通过国家专利局或者"马德里协定"其他成员国的机构,向国际局提交的国际商标注册申请。

16. **国际商标注册**——根据1989年6月27日《商标国际注册马德里协定》(以下简称马德里协定)在世界知识产权组织国际局(以下简称国际局)注册商标。

17. **国际局国际商标公告栏**——世界知识产权组织国际局的定期出版物《世界知识产权组织国际商标公报》(WIPO Gazette of International Marks),公布国际商标注册的信息。

18. **第三国**——2013年10月9日欧洲议会与委员会第952/2013号条例规定的非欧盟关税地区的国家。

19. **商标申请书**(以下简称申请书)——申请人注册商标时,根据本法规定向立陶宛国家专利局(以下简称国家专利局)提交的所有文件。

第3条　本法适用范围

1. 向国家专利局申请注册的商标、根据本法已注册的商标或者立陶宛境内有效的国际商标标注的所有产品和(或)服务。

2. 立陶宛境内的驰名商标。

3. 如果立陶宛批准的国际条约与本法的规定不同,则适用国际条约。

4. 外国主体拥有本法和其他相关法律所规定的所有权利。

第 4 条　商标权人权利保护标志

商标权人可以在商标右侧(上方或者下方)标注字母“R”,向公众表明该商标受到保护。

第二章　商 标 保 护

第 5 条　可以被认定为商标的标志

如果标志满足下述两个条件,则可以被认定为商标,包括姓名、图画、字母、数字、颜色、产品或包装方式、声音。

1)可将产品或服务与其他产品或服务进行区别;

2)该标志经立陶宛商标注册局注册后,立陶宛职能机构和公众可清楚和准确地确定商标的保护对象。

第 6 条　不能注册为商标或者认定注册商标无效的根据

1. 下列情况,不能注册为商标或者认定注册商标无效:

1)不符合本法第 5 条的要求。

2)没有显著性的特征。

3)在现有语言、日常行为中或者商业活动中已经普遍使用的标志。

4)驰名标志,或者只是代表商品种类、数量、质量、用途、价值、原产地、产品生产日期、提供服务的时间、制造工艺、产品和服务的其他特征。

5)会误导公众,如商品和(或)服务种类、质量或者原产地。

6)违反道德、公共规范、社会习俗和人道主义原则。

7)是决定商品种类、获得技术成果或寻求商品核心价值的必要形式。

8)含有立陶宛的官方或者传统(缩写)名称、国徽、国旗或者其他官方标志。未经立陶宛政府合法许可在标志中使用担保、印章、证书或者颁奖的标识。

9)未经外国或者国际组织的同意在标志中使用属于上述国家或组织的标识,以及根据《巴黎公约》第6条不能注册为商标或者认定注册商标无效的标志。

10)拥有重要价值的符号,尤其是宗教符号。

11)如果会导致公众混淆商品的原产地,则标志中不能使用非原产地的其他地理标识或者含有其他地理标识的内容。即使标志中采用的地理标识是商品原产地,但如果会导致公众将原产地误认为其他地点,则不能使用。

12)用来标记葡萄酒或者烈性酒的标志不能使用非原产地的地理标识,即使这类标志中注明正确的原产地信息、将地理标识翻译成其他语言或者使用“种类、类型、风味、仿制”等词汇。

2. 本条第1款第2项、第3项或第4项规定的情况中，如果商标注册申请提交之日前、提交申请后或者截至商标注册之日，该标志已拥有显著性特征，则这类标志可以被承认为商标，不能宣布注册无效。

第7条　认定商标注册无效的其他根据

1. 下列情况，可以认定商标注册无效：

1）之前针对相同的产品和（或）服务，已经申请注册或注册了相同的商标；

2）之前针对相同或者类似的产品和（或）服务，已经申请注册或注册了相同的商标；

3）与本法第9条规定的驰名商标相同或者相似，误导公众的；

4）提交商标注册申请或者优先权申请之日时，已经在立陶宛境内被他人使用或者会误导公众的名称；

5）与立陶宛保护的地理标识相同或类似，除非商标中存在未申请保护的地理标识；

6）与受保护的外观设计、工业产权、版权、科学作品、艺术作品、名人姓名、文学笔名、人物肖像相同或者类似，除非上述权利人或者权利继受人允许；

7）与欧盟境内的驰名欧共体商标相同或者类似；

8）与立陶宛境内的驰名商标相同或类似。

2. 本条第1款第1项、第2项和第7项规定的商标是：

1）商标在立陶宛境内的注册申请提交日期早于本条第1款规定的商标注册申请或优先权申请日期；

2）根据《马德里协定》，商标在立陶宛境内的注册日期早于本条第1款规定的商标注册申请或优先权申请日期；

3）根据本法第9条，商标已经被认定为立陶宛驰名商标；

4）根据《共同体商标条例》，共同体商标的注册申请提交日期早于本条第1款规定的商标注册申请或优先权申请日期；

5）根据《共同体商标条例》、本条第2款的第1项和第2项，共同体商标申请优先权。

3. 如果申请人提交商标注册申请时存在虚假因素，则可以认定注册商标无效。

第8条　商标中不受保护的元素

1. 如果商标包含不受保护的元素，但符合本法规定的其他要求，则只能作为一个整体进行保护。

2. 如果商标包含本条第1款规定的元素，而且注册该商标会对保护范围产生疑问,则根据申请人或者商标权人的申请,国家专利局或者法院可以认定该商标元素不受保护。

3. 如果导致商标元素不受保护的根据消失,则可以就该元素或者含有该元素的商标提交新的商标注册申请。

4. 商标权人的排他性权利不包括不受保护的商标元素。

第 9 条 驰名商标保护

1. 如果商标被公众广泛认可,则可以认定该商标是立陶宛驰名商标。

2. 保护立陶宛境内未注册的驰名商标。

3. 由法院认定立陶宛驰名商标。

4. 除本法第 38 条规定的权利外,立陶宛驰名商标权人有权禁止他人将驰名商标用于相同或者类似的商品和(或)服务。

5. 除本法第 38 条规定的权利外,如果侵犯立陶宛驰名商标权人的权利,则驰名商标权利人有权禁止其他人将驰名商标用于不同或者不相似的商品和(或)服务。

第 10 条 优先权

1. 如果首次受理商标注册申请的国家是《巴黎公约》成员国或者世界贸易组织成员国,而且申请人或其权利继受人在该国提交商标注册申请之日起6个月内向国家专利局提交商标注册申请,则该商标注册申请可以要求将首次商标注册申请的日期认定为优先权日期。

2. 如果使用商标的商品和(或)服务参加国际展会之日起6个月内向国家专利局提交商标注册申请,则商标注册申请可以要求将参加展会的日期认定为优先权日期。

3. 如果申请人使用本条第1款和第2款的规定,必须向国家专利局提交首次商标注册申请书副本或者首次参加的国际展会组织方出具的证明书。上述文件可以与商标注册申请的其他文件一起提交或自申请商标注册之日起3个月内提交。

4. 如果国家专利局确定商标注册申请人未履行本条第3款的要求,则认定该申请人没有提交本条第1款或第2款规定的申请书。

第三章 商标注册

第11条 提交申请

1. 商标注册申请人必须向国家专利局提交申请文件和支付规定的费用。

2. 申请人可以委托代理人提交商标注册申请。如果不是立陶宛或者其他欧盟成员国的居民或法人，则必须通过专利代理人向国家专利局提交商标注册申请、完成商标注册并在国家专利局复审时代表该申请人。

3. 每份申请包含一个商标。

4. 商标注册申请文件包括：

1）注册商标与授予商标证书的申请书；

2）申请人的代理授权书（如果代理人提交商标注册申请）；

3）本法第 10 条第 3 款规定的优先权申请书（如果需要）；

4）职能机构根据本法第 6 条第 1 款第 8 项和第 9 项出具的许可文件（如果需要）；

5）集体商标使用规范（如果需要）；

6）本法第 7 条第 1 款第 6 项要求的权利人许可文件（如果需要）。

5. 注册商标与授予商标证书的申请书中必须注明：

1）申请人或代理人的身份证件。

2）申请注册商标的图像和文字。

3）根据提交商标注册申请之日有效的尼斯分类，说明带有申请注册的商品和（或）服务名称。

4）申请注册商标的三维标志（如果需要）。

5）申请注册商标的颜色或者颜色组合（如果需要）。

6）申请注册商标包含的不受保护元素（如果需要）。

7）申请注册和公布的商标采用国家专利局的标准符号和字母（如果需要）。

8）申请注册商标或所含文字的立陶宛语音译和意译（如果需要）。

9）申请注册集体商标。

10）首次受理商标注册申请的国家、申请编号、申请日期、参加国际展会的日期和国家（如果需要）。上述资料必须在优先权申请书中注明。

11）支付申请费的证明文件。

6. 一份商标注册申请中可以要求注册一种或者多种商品和（或）服务。每增加一种商品和（或）服务，增加支付一次附加申请费。

7. 提交商标注册申请之日起申请人必须在1个月内支付商标注册申请费。

第12条　提交申请的日期

1. 如果国家专利局收到本法第11条第4款第1项规定的申请材料包含本法第11条第5款第1项、第2项和第3项规定的文件（不包括商标清单），则该日期视为提交申请的日期。

2. 如果未提交本条第 1 款规定的材料或者材料不符合本法的要求,则不能认定为提交申请的日期。国家专利局将申请材料退还给申请人,并说明退还的理由。如果在本法第 11 条第 7 款规定的期限内未支付商标注册申请费,则视为未提交商标注册申请,国家专利局将申请材料退还给申请人。

3. 申请人自提交申请之日起获得商标的首次权利保护。从这个日期开始,至授予商标证书之日为止,这期间商标受到临时的法律保护,申请人有权警告侵犯本法第 38 条所规定的人。

4. 如果申请人撤销申请、商标未注册、商标权人申请注销商标或者其他人对商标注册提出异议,则该商标无法获得本条第 3 款规定的临时法律保护。

第 13 条　申请审查

1. 国家专利局在规定的期限内对申请文件进行形式审查:检查是否提交了本法第 11 条第 4 款规定的所有文件。

2. 国家专利局确定申请文件符合本法第 12 条第 1 款的规定后,提供申请日期和编号。

3. 履行本条第 2 款的规定后,国家专利局向申请人或代理人授予申请受理证明,在该文件中注明申请提交日期和编号。

4. 如果国家专利局未收到本法第 11 条第 4 款第 1 项至第 5

项规定的文件或者文件不符合本法的要求，则国家专利局向申请人或者代理人书面通知申请材料的缺陷。如果在规定期限内申请人或代理人未纠正缺陷，则视为未提交商标注册申请，国家专利局应书面通知申请人或者代理人。

5. 如果商品和(或)服务不符合尼斯分类，则国家专利局向申请人或者代理人书面通知缺陷和修改建议。如果在规定的期限内申请人未纠正缺陷或者申请人或代理人反对国家专利局的修改建议，则国家专利局驳回商标注册申请或申请中不符合分类要求的商品和(或)服务，并书面通知申请人或代理人。

第 14 条　商标审查

1. 完成商标注册申请的审查后，国家专利局审查商标是否符合本法第 6 条的要求。

2. 如果商标不符合本法第 6 条的要求，国家专利局可以通过决定驳回商标注册或者注册部分商品和(或)服务。决定中必须注明依据，国家专利局通过决定后 10 日内将该决定书寄给申请人或代理人。

3. 国家专利局寄出驳回商标注册的决定后，申请人或代理人有权在 2 个月内向国家专利局书面申请复审。

4. 国家专利局收到二次审查申请书后，进行二次审查，并通过下列决定之一：

1）认定首次驳回商标注册的决定无效，同意该商标注册于全部或部分商品和（或）服务；

2）维持首次驳回商标注册的决定。

5. 国家专利局通过决定后10日内将决定书寄给申请人或代理人。

第15条　复审

1. 如果申请人或代理人反对国家专利局的二次审查决定，则有权在二次审查决定书寄出后3个月内向国家专利局复审部（以下简称复审部）申请复审决定。申请人或代理人必须支付规定的上诉费用。

2. 受理复审申请书后，复审部通过如下决定之一：

1）支持复审申请书，同意该商标注册为其全部或部分商品和（或）服务；

2）驳回复审申请书，维持二次审查决定。

3. 如果申请人或代理人反对复审部的决定，则有权在复审部通过决定后6个月内上诉至维尔纽斯地区法院。

第16条　注册商标

1. 如果商标符合第6条的要求，则国家专利局允许注册商标,通过决定后 10 日内将决定书和付费通知书寄给申请人或代理人。

2. 如果复审部依照本法第 15 条支持上诉要求,则国家专利局履行本条第 1 款的规定。

3. 申请人或代理人支付费用后,立陶宛商标注册中心注册商标,国家专利局在官方公告栏中公布注册信息。

第 17 条　撤销商标注册申请

1. 如果国家专利局寄出商标注册的决定书后 3 个月内申请人或代理人未按规定支付费用,国家专利局可以撤销该商标的注册申请。

2. 国家专利局撤销商标注册申请后 10 日内将决定书寄给申请人和代理人。

3. 审查商标注册申请或审查商标时,申请人或代理人有权撤销商标的注册申请,或者减少商标注册的商品和(或)服务种类。

第 18 条　商标注册异议

1. 国家专利局在官方公告栏中公布注册信息后,利益相关人可以在 3 个月内援引本法第 6 条和(或)第 7 条,向复审部提交商标注册异议书。

2. 提交异议书时需支付规定的费用。

3. 复审部收到异议书后，在 14 日内审查异议书是否符合本条第 1 款和第 2 款的要求。如果异议书符合本法的规定，则复审部受理异议书，并将异议书副本寄给异议商标权人或代理人。

4. 寄出异议书之日起 3 个月内，异议商标权人或代理人必须在 3 个月内提交异议答复书。如果未提交异议答复书，则视为拒绝参与异议审理，复审部可以在异议商标权人或代理人不在场的情况下审理异议书。

5. 审理异议书后，复审部可以作出如下决定：

1）支持异议书，认定注册商标的全部或部分商品和（或）服务无效；

2）驳回异议书，注册商标继续有效。

6. 如果异议商标权人、异议方或代理人未参与异议审理，在决定通过之日起 1 个月内将书面决定和判决副本寄给未参与异议审查的上述主体。

7. 复审部通过决定之日起 6 个月内可以将该决定上诉至维尔纽斯地区法院。

8. 国家专利局在官方公告栏中公布复审部的决定。

第 19 条　国家专利局的上诉和异议审理规则

1. 复审部采用书面或口头程序审理上诉和异议，口头审理程序必须公开进行。

2. 一般采用书面程序审理上诉和异议。书面程序审理时,不邀请申请人、利益相关人、异议商标权人或代理人参与复审部的审理工作。

3. 如果争议复杂或者具有示范意义,则可以采用口头程序审理上诉和异议。在口头审理期间,邀请申请人、利益相关人、异议商标权人或代理人参与复审部的开庭审理。

4. 国家专利局局长确定上诉和异议审理规则。

第 20 条　商标注册证书

1. 如果未出现根据本法第 18 条第 5 款规定的异议书、驳回异议书或者仅支持异议书的部分内容,则国家专利局为已注册商标权人或代理人颁发商标注册证书。如果颁发商标注册证书之日起 1 个月内商标权人或代理人未领取证书,则国家专利局将证书邮寄给商标权人或代理人。

2. 国家专利局确定商标注册证书的格式和内容。

3. 商标注册证书是法律文件,证明立陶宛商标注册中心注册该商标,证明商标权人对该商标的独占权。

4. 如果商标权人丢失商标注册证书,则可以申请证书副本。

第 21 条　立陶宛商标注册中心

1. 立陶宛商标注册中心是国家级注册中心。立陶宛司法部是注册中心的领导机构,国家专利局是注册中心的管理机构。立陶宛政府可以指定额外的主中心管理机构。

2. 立陶宛商标注册中心根据立陶宛政府的《立陶宛商标注册规范》收集、管理、保存和使用商标文件和资料。

第 22 条　立陶宛商标注册中心资料

(已失效)

第 23 条　修改商标注册申请

1. 申请人、商标权人或代理人必须向国家专利局通知如下情况:

1)变更申请人或商标权人的名称、姓名、地址(注册地址);

2)变更申请人或商标权人的代理人或其地址(注册地址);

3)变更申请注册商标或已注册商标的图像(如果国家专利局认为这个修改与商标特征无关);

4)减少商品和(或)服务的清单;

5)变更全部或者部分申请人或商标权人;

6)纠正技术性错误。

2. 申请人、商标权人或代理人申请修改商标注册申请书或商标注册资料时,必须支付规定的费用并提交如下文件:

1)要求将修改纳入商标注册申请书或立陶宛商标注册中心的申请书;

2)如果要求纳入本条第1款第5项和第6项的修改,则要提交附加文件,证明申请书的依据。

3. 国家专利局收到本条第2款规定的文件后,在规则规定的期限内审查文件。如果文件符合本法和规则的要求,则将修改纳入商标注册申请书或立陶宛商标注册中心的资料。如果文件不符合要求,则国家专利局书面通知申请人或代理人,说明缺陷和修改建议。如果寄出通知书后1个月内申请人或代理人未纠正缺陷,则视为放弃申请。

4. 立陶宛商标注册中心采纳修改之日起该修改生效,国家专利局在官方公告栏中公布修改信息。

5. 如果国家专利局造成错误,则免费纠正和修改。

第23^1条　拆分商标注册申请或商标注册

1. 申请人或代理人提交书面申请和支付规定的费用后,可以将注册有多个商品和(或)服务名称的商标申请拆分为主申请和单独申请。单独申请中的商品和(或)服务名称不能与主申请的重复。

2. 单独申请适用主申请的提交日期和优先权。

3. 每个单独申请的费用是提交单一种类商品和(或)服务的商标注册申请所需支付的费用。

4. 除非有本条第5款规定的例外,否则商标注册有效期内都可以拆分商标注册。

5. 如果本法第18条第1款规定的期限尚未结束、对商标所注册的商品和(或)服务提出异议、申请认定商标注册无效或者提请法院撤销注册商标,则不能拆分注册商标。

6. 每个单独注册的商标都要支付商标注册、公布和颁发证书的费用。

7. 如在拆分商标注册申请或商标注册前已支付该商标的申请费或注册费,则无须为单独商标注册申请或注册支付费用。

第24条　注销商标

1. 如果出现下列情况,则立陶宛商标注册中心注销商标:

1)复审部根据本法第18条的规定,认定商标注册无效;

2)法院判定注册商标无效或者撤销注册商标;

3)未依照本法第36条的规定延长注册商标有效期;

4)商标权人申请注销商标。

2. 国家专利局收到如下文件后,从立陶宛商标注册中心注销商标:

1)认定注册商标无效或者撤销注册商标的法院生效判决;

2)商标权人的书面申请。

3. 如果复审部认定注册商标无效或者依照本法第36条未延长注册商标的有效期,则国家专利局可以单方面注销商标。

4. 国家专利局在官方公告栏中公布商标注销信息。

第25条 向国家专利局提交文件的要求

1. 向国家专利局提交的文件必须使用官方语言。除商标注册和授予商标证书的申请书外,申请人、商标权人或代理人提交非立陶宛语文件之日起2个月内必须提交官方语言翻译文本。

2. 申请人、商标权人、异议程序各方或其代理人应注明位于立陶宛或其他欧洲经济区国家境内的联系地址。国家专利局向该地址发出的文件采用官方语言。

3. 申请人或商标权人的授权书一般采用书面形式。

4. 向国家专利局提交的文件无须作真实性认证。

5. 本法未规定的,使用《商标注册规则》中规定的商标注册申请书和其他文件的格式,包括提交方式、应包含的信息、提交和审理期限。

第 26 条　期限

1. 申请人、商标权人、国家商标权人或代理人提交书面申请和支付规定的费用后,可以将本法第 13 条第 4 款和第 5 款、第 14 条第 3 款、第 15 条第 1 款、第 17 条第 1 款、第 25 条第 1 款、第 34 条第 1 款和第 2 款规定的期限延长一次,但最多延长 1 个月。

2. 申请人、商标权人、国家商标权人或代理人从原期限结束之日计算,至少提前 2 个月提交延长期限的申请。国家专利局决定是否延长期限。

3. 如果申请人错过了本法第 17 条第 1 款规定的期限,则申请人支付规定费用和根据规则向国家专利局提交如下文件后,可以更新期限:

1)有根据的更新期限申请书;

2)证明错过期限的文件。

4. 国家专利局决定是否更新本条第 3 款规定的期限。

5. 可以根据法律的规定,将国家专利局拒绝延长或更新期限的决定上诉至法院。

第 27 条　费用

1. 提交商标注册申请和履行本法规定时,必须支付规定的费用。

2.《立陶宛工业产权注册费法》规定费用金额和支付规则。

第四章 集体商标

第 28 条 集体商标权

1. 集体(协会、联合体等)有权提交集体商标注册申请。

2. 集体商标适用本法的所有规定(第 43 条和第 44 条除外)。

第 29 条 注册和使用集体商标

1. 集体商标注册申请中有关商标使用的规定必须包含如下信息:

1)集体的名称和注册地址;

2)集体的目标和代表规则;

3)加入集体的条件;

4)有权使用集体商标的成员信息;

5)集体商标使用条件;

6)违反集体商标使用条件和被侵权时,集体成员的权利和义务。

2. 集体所有成员同意后,才可以转让集体商标。

3. 如果集体商标中含有商品和(或)服务原产地的标识或信息,则该集体商标权人无权禁止第三方在工业和商业活动中诚实地使用该标识或信息。

4. 第一位集体成员使用集体商标时,视为开始使用集体商标。

5. 有权使用集体商标的人,得到该集体商标权人的同意后,可以向法院提起集体商标侵权诉讼,除非《集体商标使用规则》中另有规定。

6. 集体商标权人修改或补充《集体商标使用规则》后,必须通知国家专利局。

7. 如果《集体商标使用规则》不符合本条第 1 款的要求、违反公共秩序或违反道德规范,则国家专利局拒绝注册集体商标。集体商标申请人纠正缺陷后,可以根据本法的规定注册集体商标。

8. 利益相关人申请和支付规定的费用后,可以在国家专利局内查看《集体商标使用规则》。

第五章　国际商标注册

第 30 条　国际商标注册有效期

1. 指定立陶宛的国际商标注册日期是《马德里协定》第 3 条

第4款规定的日期或者《马德里协定》第3条第2款规定的扩展国际商标注册区域的日期。国际商标注册与依照本法注册的商标适用统一的法律保护。

2. 如果根据《马德里协定》第5条第1款和第2款的规定未拒绝国际注册商标在立陶宛境内的法律保护或者稍后接受国际注册商标在立陶宛境内的法律保护,则自本条第1款规定的日期起,国际注册商标与依照本法注册的商标适用统一的法律保护。

3. 国家专利局在国际商标公告栏中公布国际商标注册的信息。

4. 立陶宛商标注册中心纳入国际商标注册拓展至立陶宛境内的信息。

第31条 国际商标注册无效

1. 如果国际注册商标不符合本法第6条的要求或者根据本法的规定对国际商标注册提出异议,则国家专利局在《马德里协定》规定的期限内通知世界知识产权组织国际局,并通报该商标在立陶宛境内完全或者部分不受保护。

2. 认定国际商标注册在立陶宛境内无效之日起,国际商标注册在立陶宛境内失效。

3. 如果首次注册商标的国家撤销该国际注册商标或者该国

家退出《马德里协定》,则商标权人根据本法的规定可以申请在立陶宛注册商标。

4. 如果遵守如下条件,则考虑优先权日期时,本条第3款规定的申请适用提交国际商标注册申请的日期或者拓展国际商标注册区域申请的日期:

1)国际注册商标到期之日起3个月内根据本条第3款规定的理由提交商标注册申请;

2)商标注册申请的商品和(或)服务与国际注册商标的商品和(或)服务相同;

3)商标注册申请书符合本法的要求,申请人支付规定的费用。

第32条　申请国际商标、申请扩展区域或申请在立陶宛境内注册商标的依据

1. 如果申请人或商标权人符合《马德里协定》第2条第1款的要求,则必须向国家专利局提交国际商标申请。如果申请扩展区域,则可以向国家专利局提交或者直接向世界知识产权组织国际局提交。

2. 提交国际商标申请或者申请扩展区域时,可以依照《巴黎公约》申请优先权。

3. 提交国际商标申请和申请扩展区域时,必须符合《马德里协定》《国际商标注册马德里协定》以及与协定相关的一般规则(以下简称《马德里协定一般规则》)规定的格式和要求。

4. 国家专利局局长根据《马德里协定一般规则》确定国际商标申请和申请扩展区域的受理与审查规则。

5. 如果国家专利局审理国际商标申请,则申请人必须支付规定的费用。

6. 如果是《马德里协定一般规则》规定的费用,则申请人可以直接向世界知识产权组织国际局支付。

第 33 条　依照国际商标修改国内商标

1. 如果有如下情况,而且立陶宛注册的商标与国际商标注册的对象相同,则国际商标可以代替立陶宛境内有效的国内注册商标:

1) 国际商标扩展至立陶宛;

2) 国内商标的商品和(或)服务出现在国际商标中;

3) 当国际商标拓展至立陶宛时,依照本法第 11 条向国家专利局提交申请。

2. 商标权人在支付规定的费用后,可以向国家专利局申请将国内商标变更为国际商标的信息纳入立陶宛商标注册中心,并且申请国家专利局在官方公告栏中公布。

第 34 条　国际商标适用的特别条款

1. 如果国际商标权人反对国家专利局拒绝保护商标的决定，则有权在国家专利局通过决定之日起 5 个月内申请二次审查。如果国际商标权人在期限内未申请二次审查，则国家专利局的决定成为最终决定。

2. 如果国际商标权人反对国家专利局二次审查的决定，则有权在国家专利局通过决定之日起 3 个月内依照本法第 15 条的规定上诉至复审部。

3. 利益相关人或代理人必须在世界知识产权组织国际局公布国际商标后 3 个月内提出异议。异议必须符合本法第 18 条第 1 款和第 2 款的要求。

4. 世界知识产权组织国际局拒绝给予保护之日起 5 个月内，异议国际商标权人答复异议。如果未答复异议，则视为拒绝参加异议审理。异议国际商标权人或代理人的缺席不影响复审部审理异议。如果异议国际商标权人未指派代理人，则复审部的决定不寄给国际商标权人。

5. 立陶宛商标注册中心可以依照本法第 44 条的规定，登记国际商标权人的商标许可信息。

6. 国际集体商标不适用本法第 29 条的要求。

7. 如果延长国际商标有效期或本法未规定,则有关国际商标的问题适用《马德里协定》、《马德里协定一般规则》及《马德里协定执行规则》。

第六章　商标有效期

第 35 条　商标有效期

商标的首次有效期自提交商标注册申请之日起 10 年。

第 36 条　延长商标有效期

1. 本法第 35 条规定的期限结束后,可以延长商标全部或部分商品和(或)服务的有效期,每次最多延长 10 年。

2. 如果商标权人支付规定的费用,而且向国家专利局申请延长商标全部或部分商品和(或)服务的有效期,则国家专利局可以作出通过延长商标有效期的决定。

3. 商标权人或代理人必须在商标有效期的最后 1 年内提交本条第 2 款规定的申请。

4. 如果商标权人或代理人支付一半商标有效期延长的费用,则商标权人或代理人有权在商标有效期结束之日后 6 个月内申请延长商标有效期。

5. 延长商标有效期的信息纳入立陶宛商标注册中心，国家专利局在官方公告栏公布。

6. 如果商标权人或代理人在本条第 3 款和第 4 款规定的期限内未支付规定的费用，商标有效期不会自动延长，并根据本法第 24 条的规定从立陶宛商标注册中心注销该商标。

第七章　商标的权利

第 37 条　商标保护范围

1. 立陶宛境内的商标适用于商标注册证书上注明的商品和（或）服务。

2. 如果商标权人增加已注册商标的商品和（或）服务种类，则必须依照本法提交新的商标注册申请。

第 38 条　商标权人的权利

1. 如果未经已注册商标权人的许可，则该商标权人有排他性权利禁止他人的如下行为：

1）使用已注册商标的商品和（或）服务；

2）使用与已注册商标的商品和（或）服务相同或类似的商品和（或）服务，以及会误导公众的类似商标或带有已注册商标元素的误导性商标组合；

3）如果已注册商标在立陶宛有声誉，而且非法使用会损害该商标的声誉，则禁止与已注册商标商品和（或）服务相同或类似的商品和（或）服务。

2. 商标权人依照本条第1款的规定，可以禁止：

1）使用带有已注册商标的商品或包装；

2）提供带有已注册商标的商品、将该商品投放市场，仓储和出租该商品，推广和提供带有已注册商标的服务；

3）进口或出口带有已注册商标的商品；

4）在商业活动的文件或广告中使用已注册商标；

5）以本条第2款第1项至第4项的规定为目的，制造已注册商标或者将之作为样板。

3. 除本条第1款第3项的规定外，侵犯已注册商标的特征还包括：

1）在法人名称中使用已注册商标，误导公众认为是已注册商标；

2）在公开宣传中使用已注册商标，导致公众误认为是已注册商标的商品和（或）服务。

第39条　限制商标权人的权利

1. 如果是如下信息，则第三方在使用商标权人的商标时，不适用本法第 38 条：

1) 姓名和(或) 地址；

2) 商品和(或) 服务的种类、数量、质量、用途、价值、原产地、使用有效期或其他特征；

3) 商品和(或) 服务中必要的标识，如附件或配件的用途；

4) 如果允许比较类广告，则可以将已注册商标用于比较类的广告中。

2. 本条第 1 款的规定只适用于符合诚信商业标准的行为。

第 40 条　结束商标权人的权利

1. 商标权人或被许可人将标有商标的产品在欧共体市场销售后，商标权人不能反对其他人在欧共体市场上自由使用该产品。

2. 如果有理由认为商标权人反对商业化，或者标注该商标的商品进入市场后产品质量会变化或变差，则不适用本条第 1 款的规定。

第 41 条　未经商标权人许可注册商标

1. 如果代理人或其他人未经商标权人同意，以自己的名义申请注册商标，而且未提供有根据的证据，则商标权人有权对商标注册提出异议和要求撤销注册商标或转注册至自己名下。

2. 本条第 1 款规定情况中,商标权人有权就代理人或其他人未经许可使用商标的行为向法院提起诉讼。

3. 商标权人得知商标注册信息之日起 3 年内可以使用本条第 1 款和第 2 款规定的权利。

第 42 条　在字典或其他类似的出版物中使用商标

1. 如果已注册和有效的商标出现在字典、百科全书、书籍和其他专业出版物中,而且确信会导致公众认为该商标是商品或服务的一般名称或名词,则作者、出版商或编辑根据商标权人的申请,必须在这些出版物中注明该商标是注册商标。

2. 本条第 1 款的规定适用于电子刊物。

第八章　转让、许可和抵押商标的权利

第 43 条　转让未注册或已注册商标权

1. 可以依照协议转让全部或部分未注册商标权、已注册商标权,与法人有关的其他权利,除非存在本法第 6 条第 1 款第 5 项、第 8 项或第 9 项规定的情况。

2. 可以转让未注册或已注册商标的全部或部分商品和(或)

服务。

3. 如果支付规定的费用和向国家专利局提交如下文件后，根据商标转让一方的申请，国家专利局在立陶宛商标注册中心登记未注册商标或注册商标的转让信息：

1) 权利转让的申请书；

2) 双方签署的权利转让文件、一方或其代表签字的权利转让协议副本；

3) 代理授权书（如果需要）；

4) 本法第 6 条第 1 款第 8 项和第 9 项规定的权利继受人许可书（如果需要）。

4. 国家专利局在规定的期限内审查文件，如果文件符合本法和规则的要求，则将转让信息纳入立陶宛商标注册中心。如果国家专利局认为文件不符合本法或规则的要求，则书面通知申请人、商标权人或代理人，说明缺陷和修改建议。如果寄出书面通知之日起一个月内申请人、商标权人或代理人未修改缺陷，则视为未申请转让该权利。

5. 如果立陶宛商标注册中心未纳入权利转让信息，则该权利转让无效。

6. 立陶宛商标注册中心纳入权利转让信息之日起，权利转让生效。国家专利局在官方公告栏中公布转让信息。

7. 如果转让后会出现本法第 6 条第 1 款第 5 项、第 8 项或第 9 项规定的情况，则国家专利局可以通过决定，拒绝将转让信息纳入立陶宛商标注册中心。通过该决定之日起 10 日内，国家专利局将决定书寄给提交权利转让申请的一方。

8. 本条第 7 款规定决定适用于本法第 14 条第 3 款、第 4 款、第 5 款以及第 15 条。

第 44 条　许可

1. 商标权人有权许可其他人在立陶宛全境或部分区域内排他性或非排他性使用商标用于其注册的全部或部分商品和(或)服务。

2. 如果支付规定的费用和向国家专利局提交如下文件，则许可协议一方可以申请立陶宛商标注册中心登记该许可协议：

1)双方签署的许可协议，协议一方或其代理人签字的许可协议副本；

2)代理授权书(如果需要)。

3. 许可协议或副本中必须注明：

1)商标权人的名称(或姓名)和注册地址(或住址)；

2)被许可人的名称(或姓名)和注册地址(或住址)；

3)被许可商标的注册号；

4)许可类型;

5)许可的商品和(或)服务;

6)许可有效期;

7)许可有效区域。

4. 国家专利局在规则规定的期限内检查文件是否符合本法和规则的要求。如果文件符合要求,则立陶宛商标注册中心登记许可协议。如果文件不符合要求,则国家专利局书面通知商标权人或其代理人,注明缺陷和修改建议。如果寄出书面通知之日起1个月内商标权人或其代理人未修改缺陷,则视为未申请立陶宛商标注册中心登记许可协议。

5. 国家专利局在官方公告栏中公布许可协议的信息。

6. 除许可合同的缺陷、商标使用形式、商品和(或)服务许可范围、许可区域、被许可人商品和(或)服务质量问题之外,商标权人还可以采用本法第38条规定的权利对抗被许可人。

7. 本条第1款至第6款的规定适用于再许可协议。

第45条　抵押或扣押商标权

1. 可以根据立陶宛法律的规定抵押或扣押商标权(临时限制使用或支配商标)。

2. 收到抵押或扣押商标权的通知后,国家专利局将该情况纳入立陶宛商标注册中心，并且在国家专利局官方公告栏中公布抵押或扣押商标权的信息。

第九章　认定商标无效和撤销商标

第46条　认定商标无效

1. 任何利益相关人根据本法第6条和(或)第7条的依据，可以向法院申请认定商标无效。

2. 法院判定商标无效后，将判决书寄给国家专利局，国家专利局根据本法的规定注销该商标。

3. 如果早先注册的商标不符合本法第47条第2款，则不能认定与该商标有争议的其他商标无效。

4. 如果后注册商标存在超过5年，但在先注册商标权人知道且未提出反对，则不能认定后注册商标无效和撤销该商标，除非后注册商标在提交注册申请时为恶意。

5. 如果认定商标无效或者撤销商标，则商标注册证书丧失效力。

6. 当本法保护的在先商标有效期结束或者商标权人申请注销该在先商标后，如果依据该在先商标获得欧共体商标优先权，则仍然可以认定受本法保护的先商标无效或者被注销。

第 47 条　撤销商标

1. 在完成商标注册之日起有如下情况，利益相关人可以向法院申请撤销商标：

1) 由于商标权人的行为或者不作为，导致该商标在注册的商品和(或)服务领域成为通用名称；

2) 商标权人或被许可人在商标注册的商品和(或)服务上使用该商标时，使公众对商品和(或)服务的种类、质量或原产地产生误认。

2. 如果自授予商标注册证书之日起或者自商标在立陶宛境内获得国际商标保护之日起 5 年内，商标权人在立陶宛境内未将商标标注在注册的商品和(或)服务上或者商标权人连续 5 年未使用该商标，则可以撤销该注册商标，除非由于严重和客观情况导致商标权人无法使用商标。

3. 如下情况也是本条第 2 款所规定的使用商标：

1) 虽然使用商标时改变商标的元素，但没有改变该商标在立陶宛商标注册中心登记的商标特征；

2) 仅以出口为目的在商品或包装上使用商标。

4. 如果商标权人许可他人使用该商标，则视为商标权人使用该商标。

5. 如果自本条规定的 5 年期限结束之日至法院收到撤销商标的申请书之日商标已经使用，则不能根据本条第 2 款的规定撤销该商标，除非出现本条第 6 款规定的情况。

6. 作出撤销商标的判决时，如果截至申请撤销商标之日前超过 5 年未使用商标，而且该商标权人因为收到法院撤销商标的申请书后开始使用商标，则法院不需要考虑是否使用商标或者重新使用该商标。

7. 根据本条撤销商标后，自法院判决生效之日起商标撤销生效。

第 48 条　不予注册商标、认定商标无效或撤销商标的决定只适用于部分商品和(或)服务

如果根据本法决定不将商标注册于部分商品和(或)服务、认定商标注册的部分商品和(或)服务无效或者撤销商标注册的部分商品和(或)服务的，则此类拒绝注册商标、认定商标注册无效或撤销商标注册的决定只适用于该部分商品和(或)服务。

第十章　争端解决和维权

第 49 条　商标争端审理机构

1. 国家专利局复审部审理本法第 18 条中规定的争端。

2. 维尔纽斯地区法院审理如下争端：

1）国家专利局复审部的决定；

2）国家专利局认定商标无效的决定；

3）国家专利局撤销商标的决定；

4）商标权人维权；

5）认定立陶宛驰名商标；

6）《共同体商标条例》规定的共同体商标。

第 50 条　维权方式

1. 商标注册申请人、商标权人、权利继受人和排他性被许可人维护自身权利时，依照法律的规定有权向法院要求：

1）认定权利；

2）撤销非法行为；

3）禁止履行会造成侵权或损失的行为；

4）赔偿财产损失、未得收入和必要支出；

5）适用本法和其他法律规定的维权方式。

2. 为确保排除非法行为、禁止侵权行为或禁止造成损失的行为，法院根据商标注册申请人、商标权人、权利继受人和排他性被许可人的申请，可以要求侵权人对上述主体提供赔偿担保。

3. 如果被要求终止非法行为或者使用第 50^4 条规定的复原措施，但侵权人的行为并非故意，则根据侵权人的申请，考虑赔偿金额过多、受害人认可补偿方式与金额，法院可以要求侵权人向受害人支付金钱补偿。

4. 商标注册申请人、商标权人、权利继受人和排他性被许可人维权时，有权要求法院禁止中间人向第三方提供侵权服务。如果中间人有技术能力排除或禁止侵权信息，则法院禁止传播侵权信息。在执行法院的判决时，中间人仍然承担判决生效前持有或传播侵权信息的责任。

5. 审理商标权人被侵权案件时，被告有权利反诉商标无效。

6. 商标权人有权依照 2003 年 4 月 16 日的《欧盟成员国入盟协议》和《欧盟成员国入盟协议第二号附件——共同体商标》，向法院申请禁止在立陶宛境内使用共同体商标。

第 50^1 条　知情权

1. 法院审理侵犯本法所规定权利的案件时，如果原告的要求合理，法院在诉讼期间可以要求相关人员立刻提交侵权产品和服务的原产地和推广方式信息，尤其是：

1）侵权产品（服务）的制造商、传播商、供应商、批发与零售商的姓名（名称）和地址；

2)制造、供应、获得或订购侵权产品的数量和价格信息。

2. 被要求提供本条第1款所规定信息的人员可以是侵权人、与侵权商品有商业联系的人、以商业目的使用或提供侵权服务的人、参与生产或推广侵权产品或服务的人。

第50^2条 证据

1. 如果案件一方提供支持其要求的全部证据,并且证明案件另一方有支持其要求的证据,则在保证机密信息安全的前提下,可以依照《民事诉讼法》的规定要求案件另一方提供这些证据。如果侵权产品数量足够多,则法院将其认定为侵权行为的证据。

2. 如果侵权行为是出于商业目的,并且具备本条第1款规定的条件,则在确保机密信息安全的前提下,法院可以根据《民事诉讼法》的规定要求案件另一方提供银行、财务或商业文件。如果在法院规定的期限内因为非重大原因未提供或拒绝提供这些证据,则法院可以根据现有证据作出判决。

第50^3条 临时保护措施和确保证据措施

1.《民事诉讼法》和本法的规定适用临时保护措施和确保证据措施的规则。

2. 如果有足够的根据认为存在侵权行为，则法院可以根据《民事诉讼法》的规定，适用临时保护措施来阻止非法行为、立刻停止违法行为和确保执行法院的最终判决。临时保护措施包括：

1)禁止威胁本法所规定权利的行为。

2)要求暂时停止侵犯本法所规定权利的行为。

3)禁止中间人向第三方提供侵犯本法所规定权利的服务。

4)扣押和禁止进入流通环节，如果认为流通环节中的产品侵犯本法所规定权利，则将其撤出流通环节。

5)扣押侵权人的财产，包括在银行和其他信贷机构的账户。如果侵权行为是出于商业目的，可以要求提供其银行、财务或商业文件。

6)适用《民事诉讼法》规定的其他措施。

3. 如果适用本条第 2 款第 1 项和第 2 项规定的临时保护措施后，仍然存在侵权行为，则法院可以要求侵权嫌疑人向临时保护措施申请人提供损失赔偿保证。

4. 法院有权要求临时保护措施申请人提供全部证据，证明申请人是本法所规定的权利人或使用人，而且要证明申请人的权利被侵犯或会受到侵犯。

5. 如果申请人向法院提供足够证据，证明事实上存在侵权行为或潜在侵权行为，则在确保机密信息安全的前提下，法院根据申请人的要求，可以适用临时保护措施和确保证据措施：

1）扣押侵犯本法所规定权利的商品；

2）扣押侵犯本法所规定权利的产品、生产原料、生产设备和相关文件；

3）适用《民事诉讼法》规定的其他有效和快速的临时措施。

6. 适用临时保护措施和确保证据措施时，可以不通知和不询问被告，以防止被告知情后可能会造成无法挽回的损失或者销毁证据。适用临时措施后，必须立刻通知被告。案件双方可以要求在合理期限内重新考虑临时保护措施，以及要求更改、取消或者审核临时保护措施。

7. 如果法院取消临时保护措施或者确保证据措施、法院认为没有继续适用这些措施的根据、法院判定没有侵权行为或者申请人在法院规定的期限内未提交诉讼书，则被告有权要求赔偿适用这些措施所造成的损失。

第 50^4 条　复原措施

1. 本法第 50 条第 1 款规定的主体有权要求法院从流通环节撤出造成损失的产品（如再加工为其他产品或者采用类似生产工艺的产品）、生产产品所需的主要原料和设备，销毁侵犯本法所规定权利的产品。

2. 申请人追讨损失时适用本条第1款规定的措施,侵权人应承担适用这些措施的费用(侵权行为严重程度与适用措施的关系,以及第三方的合法利益)。

第51条　补偿经济性损失

1.《民法典》和本法规定经济性损失的赔偿规则。

2. 在确定侵权的损失数额时,法院根据侵权实质、损失数额、未得收入、必要开支和其他重要因素作出判决。本法第50条第1款规定的主体可以要求将侵权人获利认定为损失。权利人可以要求获得侵权产品。

3. 依照合法使用商标的应得收入金额、权利人付出的工作、使用的工艺和协商《商标使用协议》的必要开支等情况,确定本法第50条第1款所规定主体的未得收入金额。

4. 如果侵权人可以合法使用商标(权利人已经许可),但仍然侵犯本法所规定的权利并造成损失,则本法第50条第1款规定的主体可以要求赔偿,侵权人必须支付赔偿。如果侵权行为属于故意或者严重过失,则赔偿金额是损失的2倍。

5. 如果侵权人并非故意侵犯本法所规定的权利,则法院根据本法第50条第1款规定主体的要求,判决侵权人归还所得利益。

侵权人所得利益是侵权人侵犯本法规定的权利所得到的利益。确定和追讨侵权人所得利益时,不考虑权利人是否会得到该利益。确定侵权人所得利益时,权利人有举证义务。侵权人必须证明实际所得利益(扣除开支后)。

第 51^1 条　宣布法院判决

法院根据本法第 50 条第 1 款所规定主体的申请,通过侵权判决后,可以要求侵权人自费公布判决,包括在公众传媒上公布全部或部分判决信息。如果法院未另行规定,则法院判决生效后才可以公布。法院在判决中规定公布判决的方式和范围。本法第 50 条第 1 款规定的主体可以要求侵权人向法院指定的账户预先支付公布判决所需费用。

第 52 条　海关监管措施

将侵犯本法所规定权利的商品从非欧盟国家进口到立陶宛或从立陶宛出口到非欧盟国家时,必须适用欧盟和立陶宛法律规定的海关监管措施。

第 53 条　侵犯商标权人权利的刑事责任

《立陶宛刑法典》规定侵犯商标权人权利的刑事责任。

第十一章 结束条款

第 54 条 过渡期规定

1. 截至本法生效之日提交的商标注册申请适用 1993 年 6 月 3 日的《立陶宛商品与服务商标法》。

2. 如果商标注册之日早于本法生效之日，则商标权人维权时，适用本法的规定。

第 55 条 建议

政府截至 2001 年 1 月 1 日前调整与本法有关的其他法律规定。

第 55[1] 条 适用《欧盟商标条例》

1. 国家专利局是《欧盟商标条例》规定的工业产权局。

2. 国家专利局确定适用《欧盟商标条例》所需的法律法规。

3. 如果通过国家专利局提交共同体商标注册申请，则支付《立陶宛工业产权注册法》和《欧盟商标条例》规定的费用。

4. 立陶宛二审法院收到欧盟知识产权局的费用赔偿额决定

的原件或经认证的复印件以及立陶宛语翻译件的，依照当事人的申请并根据《欧盟商标条例》第86条第2款的规定，应在5个工作日内依照立陶宛《民事诉讼法》的规定审查欧盟知识产权局的已生效决定的真实性并颁发执行书。

第56条　生效日期

1. 本法自2001年1月1日起生效，第55条除外。

2. 本法生效后，如下法律失效：

1）《立陶宛商品与服务商标法》；

2）《立陶宛商品与服务商标法修正案》；

3）《立陶宛商品与服务商标法第4条修正案》。

3. 本法第49条第2款第4项、第50条第1款至第4款、第50^{1}条、第50^{2}条、第50^{3}条、第50^{4}条、第51条、第51^{1}条也适用于地理标识。

附录：

执行的欧盟法律法规

1. 2004年4月29日欧洲议会与委员会第2004/48/EB号

《关于知识产权保护的指令》。

2.2015 年 12 月 16 日欧洲议会与委员会第 2015/2436 号《关于协调成员国商标类法律法规的指令》。

3.2017 年 6 月 14 日欧洲议会与委员会第 2017/1001 号《欧盟商标条例》。

本法修订情况

1.2002 年 10 月 22 日第Ⅸ－1150 号《立陶宛商标法第 1 条、第 18 条、第 26 条、第 32 条、第 34 条、第 38 条、第 43 条、第 44 条、第 46 条的修订和增补法案》。

2.2004 年 2 月 19 日第Ⅸ－2033 号《立陶宛商标法第 2 条、第 5 条、第 7 条、第 8 条、第 11 条、第 12 条、第 30 条、第 38 条、第 40 条、第 43 条、第 45 条、第 46 条、第 49 条、第 50 条、第 55(1)条的修订和增补法案》。

3.2006 年 6 月 8 日第Ⅹ－651 号《立陶宛商标法第十章和第 56 条的修订和增补法案》。

4.2012 年 11 月 8 日第Ⅺ－2396 号《立陶宛商标法第 2 条、第 5 条、第 7 条、第 8 条、第 9 条、第 11 条、第 12 条、第 13 条、第 15 条、第 16 条、第 19 条、第 23 条、第 25 条、第 26 条、

第 27 条、第 32 条、第 34 条、第 36 条、第 38 条、第 43 条、第 44 条、第 46 条、第 47 条、第 49 条和第 23^{1} 条的修订和增补法案》。

图书在版编目(CIP)数据

立陶宛知识产权法 / 孙那，赵鑫臻译. -- 北京 :
法律出版社，2019
(长安经济法学文库 / 强力主编)
ISBN 978-7-5197-3757-3

Ⅰ. ①立… Ⅱ. ①孙… ②赵… Ⅲ. ①知识产权法－
立陶宛 Ⅳ. ①D951.183

中国版本图书馆 CIP 数据核字(2019)第 179741 号

立陶宛知识产权法
LITAOWAN ZHISHI CHANQUANFA

孙 那 赵鑫臻 译

策划编辑 沈小英
责任编辑 沈小英 张泽华
装帧设计 贾丹丹

出版 法律出版社
总发行 中国法律图书有限公司
经销 新华书店
印刷 北京虎彩文化传播有限公司
责任校对 杨锦华
责任印制 吕亚莉

编辑统筹 法治与经济出版分社
开本 A5
印张 7.375
字数 136 千
版本 2019 年 10 月第 1 版
印次 2019 年 10 月第 1 次印刷

法律出版社/北京市丰台区莲花池西里 7 号(100073)
网址/www.lawpress.com.cn
投稿邮箱/info@lawpress.com.cn
举报维权邮箱/jbwq@lawpress.com.cn
销售热线/400-660-8393
咨询电话/010-63939796

中国法律图书有限公司/北京市丰台区莲花池西里 7 号(100073)
全国各地中法图分、子公司销售电话：
统一销售客服/400-660-8393/6393
第一法律书店/010-83938432/8433 西安分公司/029-85330678 重庆分公司/023-67453036
上海分公司/021-62071639/1636 深圳分公司/0755-83072995

书号:ISBN 978-7-5197-3757-3 **定价**:80.00 元
(如有缺页或倒装,中国法律图书有限公司负责退换)